鶏肉の力

を発揮するおいしいレシピ　　植木もも子 著

はじめに

　鶏肉の料理といえば、から揚げ、フライドチキンやクリスマスのローストチキンを思い浮かべる方も多いと思います。世界には他にもお国自慢のおいしい鶏肉の料理がたくさんあります。また、宗教的な禁忌もなく、昔から大切な食材とされてきました。しかも、鶏肉は味が淡白で肉質もやわらかく、脂肪も少ないので消化吸収がよく、子供から高齢者まで食べられる良質タンパク質です。昔から滋養がある食材とされてきましたが、それは鶏肉のタンパク質を構成するアミノ酸に肝機能を活性化する必須アミノ酸（体の中で合成できないアミノ酸）のひとつメチオニンが多く含まれているからです。また最近ではむね肉に疲労を回復させる物質のイミダペプチドもみつかりました。昔の人は経験からその効能を理解していたわけですね。

　近ごろは地鶏も見直されて各地で力を入れて飼育されるようになってきました。ブロイラーと地鶏の区別は西洋栄養学的には、あまり変わりはありませんが、薬膳的な目的からする効能は変わるといわれています。地鶏を雄雌、若鶏、老鶏、羽の色（黒、白、茶、黄色）などにわけて効能をよりよく発揮するために使いわけをしています。

　薬膳では、鶏肉の性質は温性といわれ、体を温める食材です。味は甘く、その働きは五臓の脾、胃をあたためて、胃の働きを良くし「気」を増やします。「気」を増やすとは、疲労、病後、産後など体が弱っている人を元気にするということです。薬膳では主に薬効のある野菜やハーブと一緒に煮て、栄養を抽出できるスープや煮もの、お粥などのレシピが多くみられます。一緒に調理する素材によっても力のひきだされ方が違ってきます。

　本書ではそれぞれの部位ごとにパワーが発揮できるよう、ほかの素材とのとりあわせも考えて紹介しました。また、世界の料理からヒントをもらった、おいしくて食べやすい料理もあわせて紹介しています。いろいろな料理に挑戦して鶏肉の力を存分に味わってください。

植木もも子

もくじ

はじめに　　　　　　　　　2

この本の使い方　　　　　　6

鶏肉の栄養　　　　　　　　7

鶏肉調理の基本　　　　　　8

むね肉　　　11

鶏の鍋照り
　長いもとブロッコリー添え ……… 12
鶏と野菜たっぷり湯麺 ……………… 13
から揚げ　たっぷり野菜とともに　14
鶏ときのこのレモンクリーム煮 …… 15
鶏肉とそら豆、椎茸の炒めもの …… 16
南蛮漬け …………………………… 16
鶏ソティアボカド丼 ………………… 17
千草巻き焼き ……………………… 18
葛たたき梅肉ソース ………………… 19
蒸し鶏のごま和え …………………… 19
鶏と山いもの炒めもの ……………… 20
鶏と春野菜の吉野煮 ……………… 20
蒸し鶏サンド ………………………… 21
鶏蒸し煮　ごまだれかけ …………… 22
鶏とくるみの味噌炒め ……………… 23
鶏と小松菜のパスタ ………………… 23

地鶏

　日本を代表する3大地鶏には、秋田県の「比内地鶏」、鹿児島県を中心とした「薩摩地鶏」、愛知県の「名古屋コーチン」がある。また最近は宮崎県の「みやざき地頭鶏（じとっこ）」、徳島県の「阿波尾鶏」も注目を集めている。ほかに「甲州地鶏」「いわいどり」「東京シャモ」「さつま地鶏」などがある。

　地鶏のおいしさは、なんといっても飼育環境の違いによる運動量。引き締まって歯ごたえもよく、運動機能によって鉄分が増加し、呼吸酸素もあがっているので肉としてのうまみは格別である。少し値ははるが、それだけのうまさを実感できる。

　地鶏は日本農林規格に記載されている38種類の在来鶏の両親か片親を使って純血率が50％以上のものであること。また飼育期間が80日以上で、28日齢以降は、鶏舎内または屋外で自由に運動ができる平飼いで1平方メートルあたり10羽以下で飼育されなければならないという規定がある。在来鶏は、肉専用種以外のもので、卵用、卵と肉の兼用、愛玩用として飼育されている、シャモ、名古屋コーチン、ロードアイランドレット、黄斑プリマスロック、会津地鶏などが例にあげられる。地鶏はまさに生産者のこだわりがつまった血と涙の結晶ともいえる。

　また、地鶏の飼育期間が平均3～5ヶ月に比べ、3ヵ月未満で成長を早めた「ブロイラー」と地鶏に比べて増体に優れた肉専用種を使って通常の飼料内容や平飼いなど飼育方法と工夫を加えた「大山鶏」「地養鳥」などとよばれる「銘柄鶏」がある。

もも肉　　　25

コック・オー・バン
　（鶏もも肉の赤ワイン煮） ……… 26
パエリア ……………………………… 27
もも肉のソティー
　サルサソースがけ ………………… 28
チキンのアドボ（マニラ風酢煮）
　ライス添え ………………………… 28
もも肉のトマト煮込み ……………… 29
鶏もも肉と夏野菜の煮もの ………… 29
鶏がゆ ……………………………… 30
鶏とキムチの炒めもの ……………… 31
鶏と野菜の豆豉炒め ……………… 31
白菜と鶏もも肉の水炊き …………… 32
チキンライス ………………………… 32
骨つきもものパイナップル炒め …… 33
タンドリーチキン …………………… 34
もも肉とりんご白ワイン煮 ………… 35
鶏ときのこの中華風煮こみ ………… 35

ささみ　37

- 梅肉しそ巻き …… 38
- ささみとアーモンドのカレー …… 39
- ねぎとチーズ巻き焼き …… 40
- ねぎとのりのコチュジャン焼き …… 41
- つけ焼き柚子こしょう風味 …… 41
- 冷やし稲庭鶏うどん …… 42
- アンチョビとトマトチーズフライ …… 43
- きゅうりとわかめのごま和え …… 44
- おかひじきの柚子こしょう和え …… 44
- ささみビビンバ風 …… 45
- ずんだあえ …… 46
- こしょう風味フライ …… 46

ひき肉　47

- 鶏ひき肉のケバブ風
  サフランライス添え …… 48
- ミートローフ
  ハニーレモンソース …… 49
- 鶏団子の酢煮 …… 50
- 中華風茶碗蒸し …… 51
- 鶏肉のチャプチェ風 …… 51
- ひき肉と白菜の煮こみ …… 52
- 椎茸詰め鶏団子 …… 52
- 鶏スキ …… 53
- エスニック風串焼き …… 54
- タンタン麺 …… 55
- ドライカレーサンド …… 56
- モロッコ風肉団子のスープ
  クスクス添え …… 57
- 鶏団子と大根の鍋 …… 58
- 鶏そぼろ丼 …… 58

手羽　59

- 鶏手羽とコチュジャンの
  つけ焼き …… 60
- 鶏手羽じゃがいもの旨煮 …… 61
- 鶏手羽となすの
  カレー風味炒め …… 61

スープ

- キ・ホ・ンの鶏がらスープ …… 24
- シンプルな鶏がらスープ …… 36

栄養一覧表　62

重要 この本の使い方

この本の単位

● 1カップ＝200ml、大さじ1＝15ml、小さじ1＝5mlを基準にしています。

● 電子レンジの加熱時間は、600Wの場合の目安です。器具の熱量により、調理時間を調節してください。

レシピについて

● 野菜の「洗う」「皮をむく」「ヘタをとる」「根元を切る」「種をとる」「石突きをとる」「筋をとる」など、下ごしらえは省略しています。
鶏肉の下処理は、P.8〜を参考にしてください。
肉や魚類は「流水で洗い、水気をきる」、海老は「殻をむき、背ワタを取り、塩でもんで流水で洗い流して水気をふく」下処理を省いています。レシピには書いてないですが、やるだけで臭みがなくなり、おいしくなるので、ぜひ試してみてください。

● 野菜の分量は、わかりやすいように5cm、1/5本、1束、1枚、1本の表記にしています。

食材の目安

キャベツ1個＝1kg	にんじん中1本＝120g	にら1束＝100g	枝豆1房＝5g、1袋＝300g
かぼちゃ1個＝1.2kg	小松菜1株＝40g	ほうれん草1株＝100g	れんこん5〜6cm＝100g
ブロッコリー1株＝200g	ごぼう1本＝180g	トマト1個＝100g	大根中1本＝1kg
玉ねぎ1個＝200g	葉付きセロリ1本＝200g	さつまいも中1本＝200g	えのき茸1袋＝200g
長いも直径6cmの太さ場合6cm＝80g		もやし200g＝1袋	じゃがいも中1個＝140g

● レモンは低農薬の国産ものが好ましいですが、外国産でもかまいません。外国産を使う場合はよく洗いましょう。

● 黒きくらげ、干し椎茸、干し海老、春雨は、「水または湯でもどす」「水気をきる」を省略しています。

●「揚げ油」と書かれているものは、加熱による酸化が少ないキャノーラ油、オリーブ油を使用しています。

● 野菜を「固めに」茹でる場合は、再沸騰後2呼吸ほど、「色よく」茹でる時は、再沸騰後1〜2分ほどを目安にしています。

だし汁、鶏がらスープについて

● かつお節と昆布でとるのが理想ですが、市販の粉末の和風だしでもかまいません。

> **かつお節だし汁の簡単レシピ（400ml分）**
> 大きめの鍋やカップにかつお節ひとつかみ（10g）を入れ、そこに熱湯を500mlそそぐ。かつお節が下に沈んだら、ザルでこす。

● 鶏がらスープを作れない場合は、鶏がらスープの素小さじ1と熱湯200mlで溶かしたものを代用してもかまいません。鶏がらスープの素は、無添加のものがおすすめです。

調味料について

●「味噌」は仙台味噌、「酢」は米酢、白砂糖は使わず、サトウキビで作られた「粗糖（洗双糖）」を使用しています。

効能について

● 各レシピの効能を見やすいようにアイコンで表示しています。

 美肌 美髪 ダイエット ホルモン活性 脳の老化防止 疲労回復 免疫力アップ ストレス解消 眼性疲労予防 風邪予防 ガン予防

鶏肉の栄養

高タンパク質で低エネルギーの優れた肉

　鶏肉の栄養で一番にあげられるのはタンパク質です。肉質はやわらかく、消化吸収がよいので昔から病人や産後の婦人、老人などの滋養食材として利用されてきました。タンパク質のアミノ酸には必須アミノ酸のメチオニンが多く、メチオニンは肝機能を改善することが知られています。鶏肉は、牛や豚と異なり、脂肪が皮下に集中してついているため、皮をとりのぞけば脂質やコレステールを抑えることができ、ダイエットには最適です。

　また、鶏肉の脂肪は悪玉コレステロールを除去する不飽和脂肪酸のオレイン酸やリノール酸が多く含まれているので血中コレステロールを抑制します。また皮や骨のまわりの部分は、皮膚や髪、爪などの材料になるコラーゲンが多く含まれて美肌を作りたい方にはおすすめです。

　薬膳でも鶏肉で作るスープは薬食として昔から使われてきました。鶏肉は胃の気を養い温めて疲労回復、虚弱改善、産後の母乳が出にくい人などに効果があるといわれています。

むね
名前の通り鶏の胸の部分。脂肪が少なく淡白な味わいで肉質はやわらかい。皮をのぞけば2割ほどカロリーダウンに。最近、疲労回復物質「イミダペプチド」が発見された。

ささみ
笹の葉の形に似ていることからささみといわれる。むね骨にそって両側に1本ずつついてる。脂肪が非常に少なく、淡白な味わい。どんな調理法にも利用できる。

手羽（手羽元、手羽中、手羽先）
手羽の先から付け根の部分までいう。手羽元、手羽中、手羽先とわかれる。肉は少なく皮の部分が多い。コラーゲンが多いので煮物やスープにするほうがよい。味はコクがあるが、カロリーは高い。

もも
足のつけ根からもも、足までの部分。骨つきと骨なしがある。よく動かす部分なので肉は固めで脂肪もあり、味はコクとうまみがある。色はむね肉に比べてやや濃いめ。皮と身の間に脂肪が多いので調理する時は、余分な脂肪をのぞくとよい。

砂肝
鶏の胃の筋肉部分で砂のうを指す。筋肉部分なので肉質はかたく、コリコリとした歯触りが特徴で味はくせのない部位。厚みがあるので2枚に開いて使用するとよい。

レバーとハツ
肝臓と心臓の部分。レバーは脂肪が多いのでとりのぞいて使う。レバーとハツには鉄分が多く、特にレバーの鉄分はハツの約2倍近くある。特に鮮紅色で変色してない新鮮なものを使用する。

軟骨
「やげん」と呼ばれるむね骨の先端にある部分と「げんこつ」と呼ばれるひざ関節にある軟骨の2種類を一般的に軟骨という。コリコリとした食感が楽しめる。鶏肉のなかでは一番低カロリー。

※そのほか鶏肉には、鶏がら（鶏の肉をとった後の骨の部分）、せせり（首の肉）、ぼんじり（尾の部分）、きんかん（鶏の腹の中にある未産卵）などの部位がある。

鶏肉調理の基本

各部位の下処理

本書レシピの作り方には省いていますが、鶏肉の調理を始める前に必ず下処理をしましょう。
このひと手間をおぼえるだけで、お店にも負けないぐらいおいしくなります。

基本

肉の表面には雑菌や薬品が残留している可能性があるので、必ず下処理をしたいもの。ここでは丸鶏やレバー以外のどの部位の鶏肉でも共通して使える、簡単！基本下処理3ステップを紹介します。

❶ 流水で洗う
ペーパータオルを用意してから、流水で肉の表面をよく洗う。

❷ ペーパータオルでふく
軽く水気をきってペーパータオルで水分をふく。

❸ 酒をかける
料理用に切りわけてから、酒をふる。酒をふることで肉特有のクセがとれる。調理する前に酒の汁気はきる。

※ひき肉や薄切り肉の下処理は流水で洗えないので、酒を多めにふって洗うようにし、残った酒は捨てる。

鶏手羽の場合

鶏手羽肉は、基本下処理の3ステップまでは同じですが、どちらかをすることで、余計な脂肪分をとれます。

沸騰した湯で皮の色が白くなるまで茹でる。

テフロン加工のフライパンで両面焼き色がつくまで焼き、余分な脂をふきとる。

ささみの筋のとり方

ささみには白い筋が1本ついていて、肉が縮む原因となり、口当たりにもよくないので必ずとりのぞく。

❶ 筋のわきを切る
筋がとりやすくするに、筋の両わきに包丁の先で切れこみをいれる。

❷ 筋をとる
身を裏返して筋のはしを手で持ち、包丁で軽く押さえて引っぱるように切りとる。

鶏肉の切り方

厚みがあり、ボリュームたっぷりの鶏肉は、厚さを均一にして火の通りをよくするのが、鶏肉料理のポイント。ここでは作り方によく出てくる切り方と厚さをのばす方法、下味をつけるコツなど調理の前に知っておきたいことを紹介します。

そぎ切り

鶏肉は、繊維があるのでやわらかく仕上げたいときは繊維を切るようにそぎ切りにする。
肉の繊維をヨコにおき、左側から包丁をねかせてひと口大に繊維をそぐように切る。

鶏手羽の切り方

鶏手羽は関節に包丁の根元を入れて押し切る。

鶏手羽先（写真左）と鶏手羽中（写真右）の部位になる。

観音開き

鶏肉をタテにして肉をおき、中央に切りこみをいれる。

両側に向かって包丁をねかせて厚みに包丁を入れる。

切ったところを両側に開いて1枚にする。

※ひき肉や薄切り肉の下処理は流水で洗えないので、酒を多めにふって洗うようにし、残った酒は捨てる。

たたいてのばす

鶏肉を観音開きで開いて特に薄いところは、肉の端を切ってのせる。

ラップではさみ、めん棒や空き瓶などでしっかりたたいて薄くのばす。

たたくと、肉がなじんで均一の厚さになる。

焼きかげんをみる

鶏肉が焼けたかどうかをみるには、肉の厚みがあるところに、竹くしをさしてでてくる肉汁をみる。ピンクの汁がでる場合は、まだ焼けていない証拠、透明な汁がでてきたら、焼けているサイン。

下味をつける

調理の仕方により「酒、塩」「酒、醤油」「塩、黒こしょう」「塩、黒こしょう、ワイン、ハーブ」「塩、黒こしょう、ワイン、スパイス」などの下味がある。特にむね肉、ささみなどは、脂肪分が少なく、味も淡泊なので下味をつけておくと後でつける調味料ともなじみやすい。また、茹でたり、炒めるときは、うまみが抜けないように片栗粉を薄くまぶすこともある。

おいしい鶏肉の選び方

❶よく売れる店で買う
売れている店ほど、肉の回転率が高いので新鮮な肉を購入できる。

❷色のきれいなものでツヤのあるもの
新鮮な肉はツヤがあり、部位によって色の濃淡はあるが、ピンク色をしている。特に皮の部分の色がくすんでいたり、変色しているものはさける。

❸地鶏がおすすめ
歯ごたえがあり、味も甘くてコクのある地鶏のおいしさは格別。秋田県の比内鶏、愛知県の名古屋コーチン、鹿児島県を中心とする薩摩地鶏が日本の3大地鶏といわれている。

保存方法

購入したら早めに調理するのが基本ですが、冷蔵庫で保存する場合は2日間を目安に。それ以上になる場合は、加熱するか冷凍にする。長く冷凍保存する場合は、購入した日にパックの肉はビニール袋などにいれて、また、1度開けたパック（挽き肉以外）の肉は流水でよく洗い、水気をふきとり、酒を少量ふりかけて水気をきり、使用しやすい分量にわけて冷凍する（P.8参照）。

鶏肉には細菌がついている場合もあるので扱いは十分に注意しましょう。免疫力の弱い幼児やお年寄りの調理には、よく注意して中まで完全に火を通すこと。調理したまな板、包丁は熱湯消毒を。

むね肉

100gのカロリー数
（若鶏）
皮つき
191 Kcal
皮なし
108 Kcal

むね肉の力をアップさせる3カ条

1. **ダイエットには、皮と脂肪をのぞく。**
2. **疲労予防には、酢や クエン酸 を含む果物野菜と調理すると効果がアップ。**
3. **脳のアンチエイジングには ビタミンE を含む食材や炭水化物と一緒に食べる。**

クエン酸
酢、梅干し、レモンやグレープフルーツなどの柑橘系果物、トマト

ビタミンE
かぼちゃ、赤ピーマン、菜の花などの野菜類、アーモンド、ピーナッツなどのナッツ類、ごま油、辛子明太子

特徴
約数万キロメートル飛び続ける渡り鳥から発見されたアミノ酸の1種「イミダペプチド」は、疲労の原因である活性酸素を除去し、細胞の機能低下を抑える。鶏むね肉に多く含まれて疲労を回復すると科学的に実証された。1日に100gを摂取することで疲れをブロックすることができる。特に酢やレモンと組み合わせることで効果が高まる。また脳のアンチエイジングにもよく、炭水化物、ビタミンEなどととると効果がアップする。また薬膳的には、朝鮮人参類（朝鮮人参、党参、吉林人参、西洋人参）、黄耆などの生薬、いも類や根菜類など気力を養うものを一緒にとるとよいとされる。

栄養成分（若鶏 皮つき 100gあたり）
水分 68g、タンパク質 19.5g、脂質 11.6g、炭分 0.9g、ナトリウム 38mg、カリウム 300mg、カルシウム 4mg、マグネシウム 23mg、リン 170mg、鉄 0.3mg、亜鉛 0.6mg、銅 0.03mg、マンガン 0.03mg、レチノール（ビタミンA）32μg、ビタミンD 0.1mg、ビタミンE 0.2mg、ビタミンK 35μg、ビタミンB_1 0.07mg、ビタミンB_2 0.09mg、ナイアシン 10.6mg、ビタミンB_6 0.45mg、ビタミンB_{12} 0.2μg、葉酸 7μg、パントテン酸 1.96mg、ビタミンC 2mg、コレステロール 79mg

鶏の鍋照り 長いもとブロッコリー添え

脳の老化 免疫力

材料(2人分)
鶏むね肉…大1枚（270g）
オリーブ油…大さじ1/2
酒…大さじ3
醤油…大さじ1
みりん…大さじ1
粗糖…大さじ1強

[つけあわせ]
長いも…6cm
ブロッコリー（固めに茹でる）
　　　…6房

作り方

❶鶏肉の皮目にフォークで穴をあける。長いもは8mm厚さに切る。フライパンにオリーブ油を熱し、皮を下にして両面を焼き色がつくまで中火で焼く。ペーパータオルで油をふき、脇に長いもを加えて両面が焼けたらとりだす。

❷酒をふり、フタをして弱火で3〜4分、途中返しながら蒸し焼きにして中まで火を通す。

❸醤油、みりん、粗糖を混ぜ入れて全体に絡めるように焼く。水分が少なくなり、照りが出てきたら、火を止める。ひと口大に切りわけて器に盛る。フライパンに残ったタレをかける。タレが残っていない場合は、酒か湯を加えて調味料を溶かし、一度煮立ててからかける。長いもとブロッコリーを添える。

鶏肉力MEMO

ブロッコリーのビタミンEが、鶏肉のイミダペプチド成分を促進して脳のアンチエイジングをアップ。薬膳では、長いもとブロッコリーを添えることで気（体を動かすエネルギー）を養い、免疫力を高めます。

鶏と野菜たっぷり湯麺

材料(2人分)
- 鶏むね肉…1/2枚(125g)
- 白菜…1枚
- 生椎茸…2枚
- 黒きくらげ…大さじ3強(3g)
- さやえんどう…8枚
- にんじん…中1/4本(30g)
- ごま油…大さじ1
- 生姜(薄切り)…6枚
- 鶏がらスープ…600ml
- 酒…適量
- 塩…小さじ1/2
- 醤油…大さじ1
- 黒こしょう…適量
- 水溶き片栗粉
  - 片栗粉…大さじ1
  - 水…大さじ2
- 中華生麺…2玉
- 酢…適量

作り方

❶鶏肉は薄いそぎ切りにする。白菜はタテに切って2cm幅のそぎ切り、椎茸は薄切り、黒きくらげは2cm大に切り、さやえんどうは斜め半分に切り、にんじんは3cm長さの薄切りにする。

❷フライパンにごま油を熱し、生姜を入れて香りが出たら、鶏肉を色が変わるまで炒める。白菜、にんじんを入れて炒め、ややしんなりしたら、黒きくらげ、椎茸、さやえんどうを加えてさらに炒める。全体に油がまわったら鶏がらスープを加えて煮る。

❸煮立ったら酒、塩、醤油、黒こしょうで味を調え、水溶き片栗粉でとろみをつける。表示通りに茹でた麺をどんぶりに入れてスープを具ごと入れる。お好みで酢をかける。

鶏肉力MEMO
野菜のビタミンやミネラル、鶏肉のタンパク質を生かし、栄養豊かで免疫力をあげた一品。黒きくらげ、椎茸に含まれる食物繊維が鶏肉の脂肪の吸収を抑えます。

から揚げ たっぷり野菜とともに

材料(2人分)
- 鶏むね肉…大1枚(270g)
- 酒…大さじ1
- 塩・黒こしょう…各少々
- 醤油…大さじ1 1/2
- おろし生姜…小さじ2
- おろしにんにく…小さじ1
- 陳皮(みじん切り)…小さじ1
- キャベツ…1/8個(150g)
- ピーマン(緑・赤)…各1個
- 玉ねぎ…小1/4個
- 小麦粉…適量
- 揚げ油…適量
- レモン汁…大さじ1 1/2

作り方

❶ボウルに3～4cm角大に切った鶏肉、酒、塩、黒こしょう、醤油、生姜、にんにく、陳皮(チンピ)を入れてよくもみこみ、冷蔵庫に15～30分おく。

❷キャベツは3cm大の角切り、ピーマンはタテ半分に切り、3cm大の乱切り、玉ねぎは薄切りにして水にさらし、水気をきる。大きめのボウルに野菜を混ぜあわせておく。

❸①の鶏肉は汁気をきり、ふるった小麦粉をよくまぶす。160度に熱した油に粉をはたいた鶏肉を入れ、きつね色に色づくまで揚げて油をきる。

❹揚げた鶏肉を②のボウルに加えて混ぜる。レモン汁、塩、黒こしょうをまわしかけ、よく和える。

鶏肉カMEMO

レモンのクエン酸と生姜や玉ねぎに含まれるポリフェノールの相乗効果で疲労回復と脳の老化予防に効果がアップ。陳皮はみかんの皮を乾燥させたもので、食欲増進と胃の働きを助けるといわれています。

むね肉

鶏ときのこのレモンクリーム煮

ホルモン活性 / 疲労

材料(2人分)

鶏むね肉…大1枚(270g)
酒…大さじ1
塩・白こしょう…各少々
マッシュルーム…8個
にんじん…小1本(100g)
玉ねぎ…大1/2個
ブロッコリー…1/3株
水…400ml
固型ブイヨン…1/4個
バター…10g
小麦粉…大さじ1
牛乳…400ml
レモン汁…大さじ1 1/2
飾り用レモンの皮…適量

作り方

❶3cm角大に切った鶏肉に酒、塩、白こしょうをふる。マッシュルームは軸をとり、にんじんはひと口大の乱切り、玉ねぎは1cm幅のくし形に切る。ひと口大に切ったブロッコリーはレンジで30秒加熱する。

❷鍋ににんじん、玉ねぎ、マッシュルーム、水を入れて火にかけ、沸騰したら固型ブイヨンを加えて再沸騰したら、汁気をきった鶏肉を入れて中火弱で煮る。

❸ホワイトソースを作る。鍋にバターを溶かして小麦粉を中火で炒める。小麦粉がさらっとしてきたら火を止めて牛乳を注ぎ、泡だて器でよく混ぜる。火をつけて底をこするように木べらで混ぜながらとろみがつくまで煮る。

❹②の鶏肉に火が通ったら③のホワイトソースを混ぜあわせる。ブロッコリーを入れて塩、白こしょう、レモン汁で味を調える。5cm大に切ったレモンの皮は千切りにして添える。

鶏肉力MEMO

きのこに含まれる食物繊維が余分な脂肪分を排泄します。また玉ねぎにあるアリシンが、鶏肉のタンパク質の消化吸収をよくしてホルモンの材料に。レモンのクエン酸が疲労回復の効果を助けます。

鶏肉とそら豆、椎茸の炒めもの

材料(2人分)
鶏むね肉…1/2枚(125g)
酒・塩・黒こしょう…各少々
そら豆…10サヤ
生椎茸…3枚
オリーブ油…大さじ1
生姜(太めの千切り)…半片
酒…大さじ1
鶏がらスープの素…小さじ1/2
塩・黒こしょう…各少々

作り方
❶鶏肉は2cm角大に切り、酒、塩、黒こしょうをふる。そら豆を固めに茹でて皮をむき、椎茸は6～8等分に切る。
❷フライパンにオリーブ油を熱し、生姜を入れて香りが出たら鶏肉を炒める。肉の色が変わったらそら豆、椎茸を加えてよく炒める。
❸酒、鶏がらスープの素、湯大さじ1を混ぜあわせ、フタをして30秒ほど蒸し焼きにする。肉に火が通ったら塩、黒こしょうで味を調える。

鶏肉力MEMO
そら豆、椎茸とともに胃の働きを助けて食欲を増進させます。

南蛮漬け

材料(2人分)
鶏むね肉…大1枚(270g)
酒…大さじ1
塩・黒こしょう…各少々
セロリ…1/2本
セロリの葉…2枚
にんじん…50g
長ねぎ…1/2本
赤唐辛子…1本
醤油・酢…各大さじ1 1/2
揚げ油…適量

作り方
❶鶏肉はひと口大のそぎ切りにし、酒、塩、黒こしょうをふる。セロリ、セロリの葉、にんじんはともに4cm長さの千切り、長ねぎは斜め薄切り、赤唐辛子は小口切りにする。
❷バットに野菜を並べて醤油、酢をかける。バットを斜めにし、赤唐辛子は調味料の部分に入れてひたす。
❸160度に熱した油に鶏肉をきつね色に色づくまで揚げて油をきり、②のバットの調味料にひたしてから野菜と混ぜ、器に盛る。

鶏肉力MEMO
セロリに含まれる食物繊維が、余分な脂質を外に排出します。赤唐辛子のカプサイシンが鶏肉に含まれるタンパク質の消化吸収を高めてホルモンを活性させます。また酢のクエン酸が疲労回復物質の働きを助けます。

むね肉

鶏ソティアボカド丼

 美髪　 疲労　 ストレス

材料（2人分）
鶏むね肉…1枚（250g）
アボカド…1個
レモン汁…大さじ1
レタス…1/4個
塩・黒こしょう…各少々
オリーブ油…大さじ1
酒・醤油…各大さじ1
ごはん…多めの2膳（400g）
ソティした焼き汁…大さじ1
わさび…少々

作り方
❶アボカドはタテ半分に切って種をとりのぞき、5mm幅に切って半量のレモン汁をかけ、レタスは千切りにする。
❷鶏肉に塩、黒こしょうをし、フライパンにオリーブ油を熱して両面焼き色がつくまでソティし、酒、醤油をふり蒸し焼きにして火を通す。7～8mm幅のそぎ切りにする。茶碗にごはんを盛ってレタス、アボカド、鶏肉の順にのせる。
❸残りのレモン汁、醤油大さじ1（分量外）、②の焼き汁をあわせて鶏肉にかける。わさびを添える。

鶏肉力MEMO
レモンのクエン酸が疲労回復効果を高めます。アボカドにある豊富なビタミンB_6は美髪に効果があるとされ、鶏肉のトリプトファンとともに、脳内のセロトニンをつくることを増進させ、ストレス予防に。

千草巻き焼き

材料(2人分)
- 鶏むね肉…大1枚(270g)
- 酒…大さじ2
- 塩・黒こしょう…各少々
- 生椎茸…2枚
- 三つ葉…2株
- にんじん…中1/3本(40g)
- 七味唐辛子…少々
- オリーブ油…大さじ1/2
- すだち…1個

作り方

❶ 鶏肉を5mm厚さの観音開きにして酒、塩、黒こしょうをふる。椎茸は薄切り、三つ葉は茎の部分を18cm長さに切り、にんじんは5~6cm長さの千切りにする。三つ葉とにんじんは、電子レンジで20秒加熱する。

❷ ①の鶏肉をタテにおき、手前から野菜をのせて軽く七味唐辛子をふり、6本巻く。鶏肉の表面に軽く塩、黒こしょうをふる。

❸ フライパンにオリーブ油を熱し、肉の巻き終わりを下にして全体に焼き色がつくように転がしながら焼き、塩、黒こしょう、七味唐辛子を軽くふって味を調える。お好みですだちを添える。

鶏肉力MEMO

薬膳の考えでは、鶏肉、椎茸には気(体を動かすエネルギー)を養う効能があり、三つ葉は気を巡らせます。疲れた時におすすめの1品。また、ミネラル豊富な椎茸とにんじんのカロテンには免疫力を高めてガンを予防する働きがあるといわれています。

むね肉

葛たたき梅肉ソース　疲労

材料（2人分）
鶏むね肉…大1/2枚（135g）
酒・塩…各少々
片栗粉…適量
きゅうり…1本
みょうが…2個
梅干し…1個
酒…大さじ3
みりん…小さじ1
しそ…4枚

作り方
❶鶏肉はひと口大のそぎ切りにし、酒と塩少々をふって汁気をきり、片栗粉をまぶす。きゅうりは小口切りにして3％の塩水（目安は水200mlに小さじ1の塩）に15分ほどひたして水気を絞り、みょうがはタテ半分に切り、薄い小口切りにして水に放つ。
❷梅肉ソースを作る。梅干しは果肉を包丁で細かくたたいて、酒とみりんでのばし火にかけ、沸騰したら、弱火で30秒ほど煮て火からおろして冷やす。
❸①の余分な粉をはたいた鶏肉を沸騰した湯に入れて片栗粉が透明になり、肉が上がってからさらに30秒茹でた後、氷水にとり冷ます。器にしそ、きゅうり、水気をきった鶏肉とみょうがを盛りつけて、②の梅肉ソースをかける。

鶏肉力MEMO
葛には熱をとる作用があるので暑い夏には向いている料理になります。梅肉のクエン酸がむね肉の疲労回復物質イミダペプイドの働きを助けます。夏バテ回復、疲労予防にぴったり。

蒸し鶏のごま和え　ストレス

材料（2人分）
鶏むね肉…1/2枚（125g）
塩・黒こしょう…各少々
酒…大さじ3
なす…2個
白ごま…大さじ2
薄口醤油…大さじ1/2
粗糖…大さじ1/2
鶏の蒸し汁…大さじ1
酢…大さじ1/2

作り方
❶鶏肉は、塩、黒こしょうをし、フライパンに入れて酒をふりかけ、フタをして火にかける。沸騰したら弱火にして4〜5分蒸し焼きにし、火の通りを確かめ、火を止めて冷めるまでおく。冷めたら鶏肉は細かくさく。
❷なすはヘタをとらずに焼き網で焦げ目がつくまで焼き、紙袋に入れてむらして皮をむく。ヘタを切り、半分に切って5cm長さに切る。
❸白ごまは、香りが出るまで軽く炒ってすり鉢ですり、薄口醤油、粗糖、①の鶏の蒸し汁をこして酢を加えて混ぜあわせる。
❹鶏肉、軽く水気を絞ったなすを③に加えて和える。

鶏肉力MEMO
ごまと鶏肉には、アミノ酸のトリプトファンが含まれ、鶏肉のビタミンB₆とともに脳内でセロトニンを合成します。安眠と安心感を与える効果があり、ストレスやうつ予防になります。

鶏と山いもの炒めもの 疲労

材料(2人分)
鶏むね肉…大1枚(270g)
酒…大さじ1
塩・黒こしょう…各少々
山いも…200g
生姜…一片(10g)
干し椎茸…2枚
オリーブ油…大さじ1強
酒…大さじ1
花椒…小さじ1
塩・黒こしょう…少々
万能ねぎ(小口切り)
　…大さじ2

作り方
❶鶏肉は3cm大のそぎ切りにし、酒、塩、黒こしょうをふり混ぜる。山いもは3cm大の乱切り、生姜、椎茸は千切りにする。
❷フライパンにオリーブ油を熱し、生姜を入れて香りが出たら椎茸を炒める。鶏肉を入れて重ならないように箸でさばきながら炒める。肉に少し焼き色がついたら山いもを入れ、軽く色づくまで炒めて酒をふり、フタをして1分ほど蒸し焼きにし、火を通す。フタをとり、水分をとばして花椒、塩、黒こしょうで味を調え、最後に万能ねぎをのせる。

鶏肉力MEMO
鶏肉と山いもはともに薬膳では「気」(体を動かすエネルギー)を養う食材。ねぎ、花椒がその気を体内へと巡らせます。

鶏と春野菜の吉野煮

材料(2人分)
鶏むね肉…1/2枚(125g)
酒・塩…各少々
かぶ…小1個
にんじん…中1/3本(40g)
さやえんどう…6枚
だし汁…600ml
酒…大さじ2
塩…少々
薄口醤油…大さじ1/2
みりん…大さじ1
水溶きくず粉
　┌くず粉または片栗粉
　│　…小さじ2
　└水…小さじ4
木の芽…2枚

作り方
❶鶏肉はひと口大に切り、酒と塩をふり混ぜる。かぶは茎を2cmほど残して4つに切り、にんじんは7mm厚さの輪切り、さやえんどうは斜め半分に切る。
❷鍋ににんじん、だし汁を入れて火にかける。沸騰したら①の鶏肉と酒を加える。再沸騰後、かぶを入れてやわらかくなるまで煮る。
❸肉に火が通ったら塩、薄口醤油、みりんで味を調えてさやえんどうを加える。水溶きくず粉をまわし入れてとろみがつくまで煮る。器に盛り、木の芽を飾る。

鶏肉力MEMO
鶏肉のタンパク質は消化吸収によく、かぶ、さやえんどうを入れることで薬膳的にも胃の働きを助け、食欲を回復させます。にんじんのカロテンと鶏肉のコラーゲンで皮膚を強くします。

むね肉

蒸し鶏サンド ダイエット ストレス

材料(2人分)
鶏むね肉…1/2枚(125g)
酒…大さじ2
水…大さじ2
レタス…1/4玉
玉ねぎ…少々
トマト(輪切り)…6枚
ピクルス…1本
バケット…1/2本
バター…大さじ2
マスタード…小さじ1/2
マヨネーズ…大さじ1
黒こしょう…少々

作り方
❶鍋に鶏肉を入れて肉にかけるように酒、水を注ぎ、フタをして、5〜6分ほど酒蒸しにする。鶏肉は冷めたら5mm厚さに切る。レタスは3cm大に切り、玉ねぎは薄切りにして水にさらし、水気をきる。ピクルスは薄切り、トマトは輪切りにして半分にする。
❷バケットに切れ目を入れてバターとマスタードを混ぜあわせたものを中にぬる。
❸②にトマト、レタス、ピクルス、鶏肉、玉ねぎをはさんでマヨネーズをかけて黒こしょうをふる。

鶏肉力MEMO
むね肉を蒸すことで、脂質を落とし、さらに野菜の食物繊維によって余分な脂分をだすので、ダイエット向き。バケットの炭水化物が鶏肉のトリプトファンのとりこみを促進させてストレス予防に。

鶏蒸し煮 ごまだれかけ

材料(2人分)
鶏むね肉…大1枚(270g)
塩・黒こしょう…各少々
もやし…1/2袋(100g)
トマト…1個
きゅうり…1本
酒…大さじ2〜3
Aごまダレ
┌ 練りごま(白)…大さじ1
│ すりごま(白)…大さじ1
│ 豆板醤…小さじ1/4
│ 醤油…大さじ1
│ 蜂蜜…大さじ1/2
└ 長ねぎ(みじん切り)…大さじ1

作り方
❶鶏肉は塩、黒こしょうをふる。固めにもやしを茹でて水気をきる。トマトはタテに薄切り、きゅうりは6cmの長さの千切りにする。
❷フライパンに鶏肉を入れて酒をふり、フタをして火にかける。沸騰したら弱火にして7〜8分ほど蒸し焼きにしたら、火を止めてフタをしたまま冷ます。冷めたら5mm〜1cmの厚さに切る。Aの材料と蒸し焼きにした煮汁大さじ1〜2を混ぜる。
❸器にトマト、もやし、きゅうり、鶏肉を盛り、Aのタレをかける。

鶏肉力MEMO
ごまには、鶏肉に少ない豊富なカルシウム、マグネシウムを補い、美髪や若返り効果が期待されます。鶏肉とごまにあるトリプトファン、ごまのカルシウム、鶏肉とごまのビタミンB群の総合力で安眠、安心作用が期待できます。

むね肉

鶏とくるみの味噌炒め

材料（2人分）
鶏むね肉…1枚（250g）
塩・黒こしょう…各少々
ピーマン（緑・赤）…各小1個
長ねぎ（細めのもの）…1/2本
くるみ…12個（30g）
Aあわせ調味料
　┌ 酒…大さじ1
　│ 八丁味噌…大さじ1
　│ 醤油…小さじ1
　│ みりん…大さじ1
　└ 粗糖…大さじ1/2
オリーブ油…大さじ1
酒…大さじ3

作り方
❶鶏肉は1cm角大に切り、酒大さじ1、塩、黒こしょうをふり混ぜる。ピーマンはタテ半分にして1cm角に切り、長ねぎは1cmのぶつ切り、くるみは半分にする。Aの調味料を混ぜあわせておく。
❷フライパンにオリーブ油を熱し、くるみを色づくまで炒めてとりだす。同じフライパンに長ねぎを加えてひと炒めしたら、鶏肉を加えて少し焼き色がつくまで炒める。ピーマンを入れ、油がまわるまで炒めたら、酒大さじ2をまわしかけ、フタをして30秒蒸し焼きにする。
❸炒めたくるみとAの調味料を入れ、全体にからまるように炒める。

鶏肉力MEMO
くるみには、良質な不飽和脂肪酸が豊富で血液循環をよくし、コレステロール値を下げる効果があります。また、薬膳では脳の働きを活発にし、鶏肉とともに冷えの改善にもよいといわれている。

鶏と小松菜のパスタ

材料（2人分）
鶏むね肉…1枚（250g）
小松菜…1束
ベーコン…3枚
にんにく…1粒
オリーブ油…大さじ1
塩・黒こしょう…各少々
パスタ…160g

作り方
❶鶏肉は7mm厚さの2cm大に切る。小松菜は茹でて3cm長さに切り、ベーコンは細切り、にんにくは薄切りにする。
❷フライパンにオリーブ油を熱し、にんにくを香りが出るまで炒める。ベーコン、鶏肉を加え、肉の色が変わったら、小松菜を入れてあわせる。塩、黒こしょうで味を調える。
❸表示通りに茹でたパスタを加えてよく混ぜあわせる。

鶏肉力MEMO
鶏肉にあるビタミンDが、小松菜に含まれる豊富なカルシウムの吸収率をアップさせてホルモンの活性化が期待できます。また、炭水化物のパスタを一緒にとることで、脳の老化ペースを遅くします。

キ・ホ・ンの鶏がらスープ

材料（1ℓ分）
鶏がら…2羽
長ねぎの青い部分（たたく）
　…2〜3本
生姜（薄切り）…1片
水…2ℓ

作り方

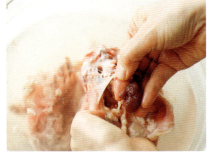

❶鶏がらはよく洗い、脂のかたまりや汚れをとりのぞき、3％の塩水に30分つけてとりだし、さらにきれいに洗う。

❷鍋に①の鶏がら、長ねぎ、生姜、水を入れて強火にかける。

❸沸騰したら、アクをとりのぞき（アクとりシートをのせてもよい）、弱火にしてフタをせずに1時間とろ火で煮る。

❹②の鶏がら、長ねぎをとりだす。

❺スープをこす。布または固く絞ったペーパータオルを敷いたザルでこすと、仕上がりがきれいになる。

※鶏がらの代わりに、鶏足またはP.52、54、56、58、59で切りとった鶏手羽先10本（沸騰した湯でゆがく）、または鶏のむね肉200gを使ってもよい。鶏がらよりもさっぱりしたスープになる。
※圧力鍋の場合は、圧がかかってから弱火にして30分加熱する。

もも肉（骨つき、骨なし）

100gのカロリー数
（若鶏）
皮つき
200 Kcal
皮なし
116 Kcal

もも肉の力をアップさせる3カ条

1. 皮の下やまわりにある余分な脂肪分をとるだけで
カロリー40％カット！

2. 代謝量をアップさせる ビタミンB_2 の食材や
消化酵素を持つ果物と調理する。

3. 骨つき肉の骨のまわりには美肌、美髪になるコラーゲンを
含んでいるので ビタミンC 豊富な野菜や果物などと
とることで吸収がよくなる。

ビタミンB_2
卵、チーズ、まいたけ、マッシュルームなどのきのこ類、菜の花、クレソンなどの青菜類、アーモンド、納豆、大豆

ビタミンC
赤・黄パプリカ、ピーマン、ブロッコリーなどの緑黄色野菜類、じゃがいも、さつまいものいも類、レモン、柿、キウイ、オレンジなどの果物

特徴
鶏もも肉は、よく動く部位なので筋肉が発達している。肉質は少し硬く、弾力があり、むね肉に比べて色は赤い。火を通すことでジューシーになり、味にコクとうまみがでる。ボリュームある料理を食べたいときには最適。鶏肉全般にもいえるが、クセがない味なのでどんな料理でもあう。調理をするときのコツは余分な脂肪分をとりのぞくこと。またタンパク質が豊富なので代謝を高めるビタミンB_2や消化酵素を持つ果物などと一緒に調理するとさらによい。

栄養成分（若鶏 皮つき 100gあたり）
水分 69g、タンパク質 16.2g、脂質 14g、灰分 0.8g、ナトリウム 59mg、カリウム 270mg、カルシウム 5mg、マグネシウム 19mg、リン 160mg、鉄 0.4mg、亜鉛 1.8mg、銅 0.04mg、マンガン 0.02mg、レチノール（ビタミンA）39μg、ビタミンD 0.1mg、ビタミンE 0.3mg、ビタミンK 53μg、ビタミンB_1 0.07mg、ビタミンB_2 0.18mg、ナイアシン 5mg、ビタミンB_6 0.18mg、ビタミンB_{12} 0.4μg、葉酸 11μg、パントテン酸 1.68mg、ビタミンC 3mg、コレステロール 98mg

コック・オー・バン（鶏もも肉の赤ワイン煮）

材料（2人分）
骨つき鶏もも肉…2本（640g）
玉ねぎ…1個
セロリ…1/2本
にんにく…1粒
オリーブ油…大さじ1
マッシュルーム…6個
赤ワイン…300ml
バター…大さじ1
小麦粉…小さじ2
塩・黒こしょう…各少々

作り方
❶鶏肉は半分にぶつ切りする。玉ねぎ、セロリ、にんにくはみじん切りにする。
❷フライパンにオリーブ油を熱し、玉ねぎ、セロリ、にんにくをしんなりするまで炒める。鶏肉を加えて焼き色がつくまで炒め、マッシュルームも入れて炒める。
❸赤ワインを注ぎ、フタをして中火で20分ほど煮る。やわらかくしたバターと小麦粉を混ぜて煮汁に溶き入れて煮こみ、とろみをつけて塩、黒こしょうで味を調える。

> **鶏肉力MEMO**
> 赤ワインに含まれるアントシアニンが鶏肉に含まれる脂肪の吸収を抑えます。アントアシアニンには、疲労を回復して視力を守る働きがあります。また鶏の骨まわりにあるコラーゲンが肌の新陳代謝をよくします。

もも肉

パエリア ストレス

材料(4人分)
鶏もも肉…小1枚(250g)
酒…大さじ1
塩・黒こしょう…各少々
玉ねぎ…1個
ピーマン(緑)…1個
ピーマン(赤)…1/2個
エリンギ…2本
海老…4尾
サフラン…ふたつまみ
オリーブ油…大さじ3
米…2合
白ワイン…100ml
塩・白こしょう…各少々
レモン(くし切り)…1/2個

作り方
❶鶏肉はひと口大に切り、酒、塩、黒こしょうをふる。玉ねぎは粗みじん切り、2種類のピーマンはタテ4等分に切り、エリンギは2cm幅の薄切り、海老は背ワタとカラをとって洗う。サフランは湯200mlにひたす。
❷フライパンを熱し、鶏肉を入れて両面焼き色がつくまで焼き、とりだす。余分な油をふき、オリーブ油大さじ1を熱し、玉ねぎをしんなりするまで炒める。残りのオリーブ油を熱し、米を加えて透き通るまで炒める。
❸白ワイン、サフランはつけ汁ごと、水100ml、塩、白しょうをまわしかけて混ぜる。形よく鶏肉、海老、ピーマン、赤ピーマンを並べ、250度に温めたオーブンで13〜15分ほど焼く。焼きあがったら、レモンを添える。

鶏肉力MEMO

鶏肉に含まれるアミノ酸の1種、トリプトファンは、ストレスを軽減するセロトニンのもとになります。炭水化物と一緒にとることでトリプトファンの脳内へのとり込みがよくなり、鶏肉に含まれるビタミンB_6とともにセロトニンの分泌を高めます。

もも肉のソティー サルサソースがけ

材料(2人分)
鶏もも肉…1枚(300g)
酒・塩・黒こしょう…各少々
サルサソース
├ 青唐辛子…1本
│ 玉ねぎ…1/4個(50g)
│ ピーマン(緑・赤)
│ …各1/2個
│ トマト…1/2個
│ 香菜…1株
│ レモン汁…大さじ2
└ 塩・黒こしょう…各少々
オリーブ油…大さじ1
レモン(薄切り)…2枚
酒または白ワイン…大さじ2

[つけあわせ]
きゅうり…適量
とうもろこし(茹でる)…1本

作り方
❶鶏肉は半分に切り、酒、塩、黒こしょうをふる。次にサルサソースを作る。青唐辛子は粗みじん切り、玉ねぎ、ピーマン、トマト、香菜はみじん切りにして、レモン汁、塩、黒こしょうとあわせる。
❷フライパンにオリーブ油を熱し、鶏肉を皮から焼く。皮に焼き色がついたら、裏返してレモンの薄切りをのせてソティする。焼き色がついたら酒をまわしかけ、フタをして蒸し焼きにする。
❸鶏肉に火が通ったら皿に盛り、レモンをとり、①のサルサソースをかける。きゅうりの薄切りと2cm厚さに切ったとうもろこしを添える。

鶏肉力MEMO
青唐辛子に含まれるカプサイシンや玉ねぎのアリシンが消化液の分泌を促し、鶏肉にあるタンパク質の消化を助けて体内のエネルギーとなり、ホルモンの材料へと促進させます。

チキンのアドボ (マニラ風酢煮) ライス添え

材料(2人分)
鶏もも肉…小2枚(500g)
A
├ にんにく…6粒
│ 黒こしょう…6粒
│ ベイリーフ…2枚
│ ワインビネガー(白)
│ …100ml
│ 濃口醤油…大さじ2
└ 粗糖…大さじ1
ごはん…2膳(300g)
香菜(みじん切り)…1株

作り方
❶鶏肉はひと口大に切る。にんにくは皮をむく。
❷鍋にAの材料を煮立てたら、鶏肉を入れ混ぜて弱火で30分煮る。煮汁に浮いた脂、ベイリーフをとる。
❸皿に鶏肉をのせて煮汁をかけ、香菜を混ぜたごはんを添える。

鶏肉力MEMO
ワインビネガーが胃酸の分泌を促進して消化を助けます。酢酸、クエン酸を含むワインビネガーには、疲労回復や食欲増進効果が得られます。鶏のコラーゲンで美肌効果も。

もも肉の トマト煮こみ

材料(2人分)
鶏もも肉…1枚(300g)
酒…大さじ1
塩・黒こしょう…各少々
玉ねぎ…1/2個(100g)
セロリ…1/6本(30g)
なす…1個
ピーマン…1個
オリーブ油…大さじ1
にんにく(薄切り)…1粒
白ワイン…50ml
トマト水煮缶…1カップ
タイム(ドライ)…ふたつまみ
塩…小さじ1/4
黒こしょう…少々

作り方
❶ 鶏肉は4つに切り、酒、塩、黒こしょうをふる。玉ねぎ、セロリは粗みじん切り、なす、ピーマンはひと口大の乱切りにする。なすは塩少々をふりかけ、水分が出たら洗い、水気を絞る。
❷ フライパンにオリーブ油、にんにくを入れて熱し、香りが出てきたら、鶏肉を両面焼き色がつくまで焼いてとりだす。①の野菜を炒める。
❸ 鶏肉をもどして白ワインをまわしかけ、トマト水煮、タイムを加え、フタをして中火で煮る。野菜と肉に火が通ったら塩、黒こしょうで味を調える。

鶏肉力MEMO
トマトには、タンパク質の代謝を助けるビタミンB₂、B₆が多く含まれます。特にB₆はタンパク質の分解と再合成にかかわり、免疫力をつけて酵素やホルモンの材料となります。

鶏もも肉と 夏野菜の煮もの

材料(2人分)
鶏もも肉…1枚(300g)
なす…2個
ズッキーニ…1/2本
とうもろこし…1本
トマト…大1個
いんげん…8本
バジルの葉…10枚
オリーブ油…大さじ1/2
タイム…3枝
白ワイン…50ml
塩…小さじ1/3
黒こしょう…少々

作り方
❶ 鶏肉は余分な脂肪はとり、ひと口大に切る。なすは乱切り、ズッキーニは輪切り。とうもろこしは3cm幅に切って半分に切り、トマトは3cm大に切る。いんげんは3cm長さに切り、バジルは1cm幅に切る。
❷ フライパンにオリーブ油を熱し、トマト以外の野菜を全体に油がまわるまで炒める。鶏肉を加えて肉の色が変わるまで炒めたら、トマト、バジル、タイムを入れて炒める。
❸ 白ワインをまわしかけ、フタをして10分ほど蒸し煮にする。塩、黒こしょうをして味を調える。

鶏肉力MEMO
なす、ズッキーニ、とうもろこし、トマト、いんげんなどに含まれる豊富な食物繊維が、鶏肉の脂質吸収を抑えます。また、鶏皮のまわりにあるコラーゲン、野菜のビタミンCが、美肌へと導きます。

鶏がゆ 免疫力 ストレス

材料（4人分）
骨つき鶏もも肉…1本（320g）
米…1合
水…1080ml（6合）
酒…180ml
生姜（薄切り）…5枚
香菜…適量

作り方
❶鶏肉は関節を2つにぶつ切り、余分な脂肪分をのぞいて酒大さじ1（分量外）をふり、沸騰した湯（分量外）に入れて5分ほど煮る。
❷土鍋に米、水、酒を入れて混ぜ、水気をきった鶏肉、生姜を加えて強火にして煮る。沸騰したら、弱火にしてフタをずらして40～50分ほど煮る。煮ている間に2～3回、焦げつかないように鍋底を木べらでかき混ぜる。
❸塩小さじ1弱（分量外）を加えて混ぜ、鶏肉はほぐして骨をとる。みじん切りの香菜を加える。

鶏肉力MEMO
もも肉に含まれるトリプトファン、ビタミンB。、米の炭水化物の相乗効果で脳内のセロトニンが増え、ストレス、うつ予防に。神経伝達物質トリプトファンは、免疫力を高めます。

鶏とキムチの炒めもの

材料(2人分)
鶏もも肉…1枚(300g)
酒…大さじ2
塩…少々
黒こしょう…少々
にら…1束
キムチ…100g
オリーブ油…大さじ1
もやし…1/2袋(100g)
ごま油…小さじ1

作り方
❶鶏肉は2cm大に切り、酒大さじ1、塩、黒こしょうをふる。にらは4cm長さ、キムチは2〜3cm幅に切る。
❷フライパンにオリーブ油を熱し、鶏肉を色が変わるまで焼く。酒大さじ1をふり、フタをして蒸し焼きにする。肉に火が通ったら、もやしをひと炒めし、キムチ、にら、塩、黒こしょうを入れてさらに炒める。最後にごま油をまわしかけて香りをつける。

鶏肉力MEMO
キムチにある唐辛子の含有成分カプサイシンは、消化液の分泌を促進させる効果や、脂肪の代謝を活性させて肥満予防や疲労回復効果があります。

鶏と野菜の豆豉炒め

材料(2人分)
鶏もも肉…1枚(300g)
酒・黒こしょう…各少々
長ねぎ…1本
白菜…3枚
豆豉…大さじ1
オリーブ油…大さじ1
酒…大さじ2
醤油…小さじ1
黒こしょう…少々

作り方
❶鶏肉は2cm大に切り、酒、黒こしょうをふり混ぜる。長ねぎは1cm厚さの斜め切り、白菜の軸はタテ4等分にして2cm幅のそぎ切り、葉はザク切り、豆豉は粗くきざむ。
❷フライパンにオリーブ油を熱し、肉の色が変わるまで炒めてとりだす。白菜、長ねぎを油がまわるまで炒める。
❸鶏肉をもどして豆豉を加え、酒をまわしかけ、フタをして30秒ほど蒸し焼きして火を通す。醤油、黒こしょうで味を調える。

鶏肉力MEMO
鶏肉と豆豉に含まれるメチオニンのダブル効果で肝臓の働きを高めます。ビタミンCを含む白菜とビタミンB_1を含む鶏肉と食べることで脳の老化予防に期待ができます。

白菜と鶏もも肉の水炊き 美肌

材料(2人分)
骨つき鶏もも肉…2本(640g)
白菜…1/4株
水…800ml
酒…100ml
ポン酢…適量
薬味
　┌ 万能ねぎ(小口切り)
　│　…大さじ3
　└ もみじおろし…大さじ4

作り方
❶鶏肉はひと口大のぶつ切りにする。白菜は5cm幅に切る。
❷鍋の中心を囲むようにして白菜を入れ、水、酒を注いでフタをして火にかける。
❸沸騰したら鶏肉を入れてアクをとり、やわらかくなるまで煮る。ポン酢と薬味に万能ねぎともみじおろしをつけていただく。残りの汁に麺かごはんを入れるとおいしい。

鶏肉力MEMO
白菜に豊富に含まれるビタミンCが、鶏肉の骨のまわりに含まれるコラーゲンの吸収を高めて肌にハリを保ちます。コラーゲンが溶けでた煮汁もスープのようにいただきましょう。

チキンライス ストレス

材料(4人分)
鶏もも肉…1/2枚(150g)
玉ねぎ…1/2個
セロリ…1/3本
マッシュルーム…4個
トマト…1個
米…2合
オリーブ油…大さじ1
白ワイン…大さじ1
固形ブイヨン…1/2個
塩…小さじ1/2
黒こしょう…少々

作り方
❶鶏肉は1cm大に切る。玉ねぎ、セロリはみじん切り、マッシュルームは薄切り。トマトは皮を湯むきして種をとりのぞいてみじん切り。米は研いでザルにあげる。
❷フライパンにオリーブ油を熱し、玉ねぎ、セロリがしんなりするまで炒め、鶏肉も加えて肉の色が変わるまで炒める。マッシュルームも入れて炒める。
❸炊飯器に米、①のトマトと②、白ワイン、固形ブイヨンを溶かした湯180ml、塩、黒こしょうを入れ、混ぜあわせて炊く。

鶏肉力MEMO
鶏肉に含まれるトリプトファン、ビタミンB₆と米の炭水化物との相乗効果によって脳内にセロトニンを作り、抗ストレス作用が期待できます。

もも肉

骨つきもものパイナップル炒め 美肌

材料（2人分）
骨つき鶏もも肉…2本（640g）
酒…大さじ1
塩・黒こしょう…各少々
パイナップル（生）…200g
おろし玉ねぎ…大さじ2
白ワイン…大さじ2
醤油…大さじ1/2

［つけあわせ］
レタス（半分に切る）…1/2個
トマト（くし切り）…1個
玉ねぎ（薄切りして水にさらす）
　…大1/4個

作り方
❶鶏肉は2つにぶつ切りにし、酒、塩、黒こしょうをふり混ぜる。パイナップルは5mm大の角切りにする。
❷フライパンに油を入れず中火弱で熱し、鶏肉の両面に焼き色をつける。パイナップル、玉ねぎ、白ワインを加え、フタをして3分ほど蒸し焼きにする。鶏肉をとりだす。
❸②に醤油と黒こしょうを加え混ぜあわせ、2～3分煮て塩で味を調える。器に鶏肉を盛り、パイナップルソースをかけ、レタス、トマト、玉ねぎを添える。

鶏肉力MEMO
パイナップルに含まれるタンパク質分解酵素が、鶏肉の消化吸収を助けます。骨のまわりにある肉にはコラーゲンが多く、肌の新陳代謝を促進し、体組織を若々しく保つ効果があります。

タンドリーチキン 疲労 免疫力

材料(2人分)
鶏もも肉…小2枚(500g)
塩・黒こしょう…各少々
レモン汁…大さじ1
Aつけ汁
├ ヨーグルト…1カップ
│ にんにく(つぶす)…1粒
│ カイエンヌペッパーまたは
│ 一味唐辛子…小さじ1/4
│ クミン粉…小さじ1/2
│ コリアンダー…小さじ1/4
│ おろし生姜…小さじ1/4
│ パプリカ(あれば)…小さじ2
│ 黒こしょう…小さじ1/4
└ 塩…少々
ライム(くし切り)…1/4個

作り方
❶鶏肉の皮をとり、肉の表面に浅い切れ込みを細かく入れて大きめのひと口大に切る。塩、黒こしょう、レモン汁をすりこむ。
❷Aのつけ汁を混ぜ、鶏肉によくすりこみ、冷蔵庫で半日からひと晩つける。
❸230度に温めたオーブンで15分ほど焼き色がつくまで焼く。焼きあがったら器に盛り、ライムを添える。

鶏肉力MEMO
鶏肉のクセをとるヨーグルトの乳酸菌が、免疫力を向上させます。また、にんにくに含まれるアリシン、カイエンヌペッパーのカプサイシンが鶏肉のタンパク質の消化吸収を助けて体の疲れをとります。

もも肉

もも肉とりんご白ワイン煮

材料（2人分）
鶏もも肉…1 1/2枚（450g）
酒…大さじ1
塩・黒こしょう…各少々
りんご…大1個
玉ねぎ…1/2個
セロリ…1/2本
プルーン…6個
オリーブ油…大さじ1
白ワイン…100ml
バター…10g
塩・黒こしょう…各少々

作り方
❶鶏肉は、6等分に切って酒、塩、黒こしょうをふる。りんごはよく洗い、皮のまま8つ切りにして半分に切り、玉ねぎ、セロリは粗みじんに切る。プルーンはお湯で洗う。
❷フライパンにオリーブ油半量を熱し、鶏肉を両面焼き色がつくまで焼き、とりだして油をふく。残りのオリーブ油を熱し、玉ねぎ、セロリをしんなりとするまで炒める。りんごを入れて少し焼き色がついたら、鶏肉をもどし、白ワイン、プルーン、バターを加える。フタをして中火で10分ほど煮る。
❸肉に火が通ったら塩、黒こしょうで味を調え、火を止めて器に盛る。

鶏肉力MEMO
りんごに含まれる水溶性食物繊維ペクチンが鶏肉のコレステロールの吸収を抑えます。鶏肉の皮をとれば、低カロリーのりんごとともにダイエットに効果的。鶏肉に含まれるビタミンAとりんごのビタミンCで皮膜を強化します。

鶏ときのこの中華風煮こみ

材料（2人分）
鶏もも肉…1枚（300g）
酒…大さじ2
黒きくらげ…大さじ2（2g）
干し椎茸…小4枚
マッシュルーム…6個
たけのこ水煮…小1本
にんじん…1/4本（30g）
さやえんどう…5枚
しめじ…1パック
オリーブ油…大さじ1
生姜（薄切り）…6枚
干し椎茸のもどし汁…大さじ2
塩・黒こしょう…各少々
鶏がらスープの素…小さじ1/3
醤油…大さじ1
五香粉（ごこうふん）…少々
水溶き片栗粉
　片栗粉…大さじ1
　水…大さじ2

作り方
❶鶏肉はひと口大に切り、酒大さじ1をふる。黒きくらげは2cm大、椎茸、マッシュルームは厚めの薄切り、たけのこは3cm大の薄切り、にんじんはいちょう切り、茹でたさやえんどうは斜め半分に切る。しめじはほぐす。
❷フライパンにオリーブ油を熱し、生姜の香りが出たら、鶏肉を入れて色が変わるまで炒めてとりだす。椎茸、マッシュルーム、たけのこ、にんじん、しめじ、黒きくらげを炒める。
❸きのこに火が通ったら鶏肉をもどし、残りの酒、椎茸のもどし汁、鶏がらスープの素、湯50ml、醤油、五香粉、塩、黒こしょうを加え、フタをして1分ほど煮る。水溶き片栗粉をまわし入れてとろみがつくまで煮る。①のさやえんどうを散らす。

鶏肉力MEMO
ミネラル豊富な椎茸とたけのこを組み合わせることでスタミナアップさせる効果が期待されます。

シンプルな鶏がらスープ

材料(2人分)
鶏がらスープ…400ml
香菜…小1株
酒…大さじ1
塩・黒こしょう…各少々

作り方
❶香菜はみじん切りにする。鍋に鶏がらスープを入れて火にかける。
❷沸騰したらアクをとり、酒を加えて3分ほど煮る。香菜を入れて塩、黒こしょうで味を調える

ささみ

100gのカロリー数（若鶏）
105 Kcal

ささみの力をアップさせる3カ条

1. ささみは加熱しすぎないようにする。
2. ビタミンCやβカロテンを含む食材ととると美肌力アップ！またねぎ類のアリシンと一緒にとると疲労回復に。
3. タンパク質の代謝を高めるには、ビタミンB群の食材を一緒に使う。

ビタミン B₁
たらこ、カシューナッツ、大豆、エンドウ豆などの豆類、玄米や胚芽米、まいたけ、えのき茸

ビタミン B₂
卵、チーズ、まいたけ、マッシュルームなどのきのこ類、菜の花、クレソンなどの青菜類、アーモンド、納豆、大豆

ビタミン B₆
にんにく、赤ピーマン、モロヘイヤ、ピスタチオ、くるみ、ごま、玄米、そば

ビタミン B₁₂
のり、プロセスチーズ、パルメザンチーズ

特徴
鶏肉の中でささみは低カロリーで脂質も非常に少なく、ダイエットや体重を抑えたい人にはカロリーを気にすることなく良質なタンパク質をとることができる。また、トップアスリートの食事としても多く使われている。身はやわらかく、味は淡白なのでコクを出したいときは油と一緒に調理する揚げもの、炒め煮、炒めものなどにするとよい。ただし、火を通しすぎると固くなるので調理を工夫すればヘルシーな鶏肉を楽しめる。

栄養成分（若鶏 100gあたり）
水分 75g、タンパク質 23g、脂質 0.8g、灰分 1.2g、ナトリウム 33mg、カリウム 420mg、カルシウム 3mg、マグネシウム 31mg、リン 220mg、鉄 0.2mg、亜鉛 0.6mg、銅 0.03mg、マンガン 0.01mg、レチノール 5μg、ビタミンE 0.3mg、ビタミンK 14μg、ビタミンB₁ 0.09mg、ビタミンB₂ 0.11mg、ナイアシン 11.8mg、ビタミンB₆ 0.60mg、ビタミンB₁₂ 0.1μg、葉酸 10μg、パントテン酸 3.08mg、ビタミンC 2mg、コレステロール 67mg

梅肉しそ巻き 疲労

材料（2人分）
ささみ…4本（200g）
酒…大さじ4 1/2
梅干し…大1個
しそ…8枚
オリーブ油…少々
しそ（飾り用）…適量

作り方
❶ささみは観音開きにして、酒大さじ1/2をふる。梅干しは果肉をたたいて、酒大さじ1でのばして梅肉を作る。
❷ささみに梅肉を薄くぬり、しそを2枚のせて4本巻く。
❸フライパンにオリーブ油を熱し、②の巻き終わりを下にして全体に焼き色がつくよう転がしながら焼く。最後に酒大さじ3をふり、フタをして30秒蒸し焼きにする。とりだして1本を3等分に切り、盛りつける。

> **鶏肉力MEMO**
> 梅に含まれているクエン酸が、鶏肉の消化を助けて胃液の分泌を促進。疲労物質の乳酸を排出し、疲労回復の効果が期待されます。

ささみとアーモンドのカレー 美髪 ホルモン活性 疲労

材料(2人分)
- ささみ…4本(200g)
- アーモンド…1/4カップ
- 玉ねぎ…1/2個
- ピーマン…大1個
- 水…200ml
- 固形チキンブイヨン…1/4個
- ココナッツミルク…1カップ
- タイカレーペースト(レッド)…大さじ1/2
- ごはん…多めの2膳(400g)

作り方
1. ささみは斜めに3〜4等分に切る。アーモンドは粗く刻み、玉ねぎは薄切り、ピーマンはタテ半分にして1cm幅に切る。
2. 鍋に水、チキンブイヨン、玉ねぎを入れて火にかけ、沸騰したら弱火にしてピーマン、ココナッツミルクを加え、3分煮たらカレーペーストを加えてよく混ぜあわせる。
3. ②が沸騰したら、ささみを加えてひと煮立ちさせ、アーモンドを入れて1分煮る。皿にごはんを盛ってカレーをかける。

鶏肉力MEMO
アーモンドに含まれるビタミンB₂は鶏肉のタンパク質の代謝を助け、玉ねぎのアリシンはビタミンB群の吸収を促進。ホルモン活性と疲労回復に効果があります。また、アーモンドのビタミンEで美髪に効果が期待できます。

ねぎとチーズ巻き焼き 疲労

材料（2人分）
ささみ…4本（200g）
酒・塩・黒こしょう…少々
長ねぎ…1/2本
ししとう…6本
ベビーチーズ…2個（15g×2）
七味唐辛子…少々
オリーブ油…小さじ1
酒…大さじ1
塩…少々

［つけあわせ］
プチトマト…2個
レモン（くし切り）…2個

作り方
❶ささみは観音開きにして酒、塩、黒こしょうをふる。長ねぎは4cm長さに太めの千切り、ししとうは切れ目を入れておく。ベビーチーズはタテ半分に切る。
❷ささみにベビーチーズ、長ねぎを1/4量ずつのせて七味唐辛子をふり、4本巻く。
❸フライパンにオリーブ油を熱し、②の巻き終わりを下にして転がしながら焼く。全体に焼き色がついたら酒をふり、フタをして30秒ほど蒸し焼きにする。フタをとり、ししとうを入れて焼く。塩と七味唐辛子をふって盛りつける。半分に切ったプチトマトとレモンを添える。

鶏肉力MEMO
長ねぎに含まれるアリシンが、鶏肉のビタミンB_1の吸収を促進します。ビタミンB_1の吸収が高まることで炭水化物のエネルギー代謝を助けて疲労回復へと導きます。

ささみ

ねぎとのりのコチュジャン焼き 🔴ダイエット

材料（2人分）
ささみ…4本（200g）
酒…大さじ1/2
黒こしょう…少々
コチュジャン…大さじ1/2
万能ねぎ…2本
焼のり…半枚
　　（1枚が26.5cm×23cm）
オリーブ油…大さじ1
酒…大さじ3

［つけあわせ］
レタス…1枚

作り方
❶ささみは観音開きにして酒、黒こしょうをふり、酒小さじ1で溶いたコチュジャンをぬる。万能ねぎは10cm長さに切り、のりは幅4.5cm、長さ10cmの長方形に切る。
❷開いたささみに万能ねぎ4〜5本、のりをのせて4本巻く。
❸フライパンにオリーブ油を熱し、②を転がしながら焼き色をつける。酒をふり、フタをして30秒ほど蒸し焼く。皿に盛って大きめに切ったレタスを添える。

鶏肉力MEMO
コチュジャンに入った唐辛子のカプサイシンは、脂肪の代謝をよくします。さらに低カロリーのささみと組み合わせることでダイエットには最適の1品。

つけ焼き 柚子こしょう風味

材料（2人分）
ささみ…4本（200g）
酒…大さじ1/2
生椎茸…大2枚
ピーマン（赤）…1個
ししとう…6本
オリーブ油…適量
A
┌ 酒…大さじ4
└ 醤油…大さじ2
柚子こしょう…小さじ1/5

作り方
❶ささみに酒をふる。椎茸は軸をとり、ピーマンはタテに4等分に切り、ししとうは切れ目をいれる。
❷焼き網を火にかけて熱し、油をぬり、ささみ、野菜をのせて両面焼き色がつくまで焼く。
❸Aを混ぜ、②で焼けたものから順にひたす。10〜15分ひたしたら、ささみは食べやすい大きさに切り、野菜と一緒に盛る。

鶏肉力MEMO
柚子こしょうに含まれる唐辛子のカプサイシンは、消化液の分泌を促進する作用があり、消化を助けて疲労回復や肥満予防に効果があります。

冷やし稲庭鶏うどん 疲労

材料（2人分）
ささみ…大1本（55g）
酒・塩…各少々
なす…小1個
しそ…6枚
すりごま（白）…大さじ1
だし汁…4カップ
A
┌ 酒…大さじ2
├ 塩…少々
└ 薄口醤油…大さじ3
稲庭うどん…2束

薬味
┌ おろし生姜…適量
└ 万能ねぎ（小口切り）…適量

作り方
❶ささみをフライパンに並べて酒、塩をふる。フタをして火にかけ、沸騰したら火を弱めて2分ほど酒蒸しにし、火を止めて冷ます。冷めたら粗くさく。なすは薄切りにして塩でもみ、水気をきる。しそは千切りにしたら、水にさらして水気を絞りボウルに入れる。ささみを加えてすりごま、塩少々を加えてあえる。
❷だし汁を鍋に入れて火にかけ、沸騰したらAで味を調えて冷ます。
❸どんぶりに表示通りに茹でた稲庭うどんを入れて①を盛り、②を注ぐ。生姜と万能ねぎを添える。

鶏肉力MEMO
すりごまとささみに含まれるビタミンB_1が、うどんに含まれる糖質の代謝を助けます。また、ビタミンB_1をとることで疲労を回復させます。ささみは、消化がよいので胃が疲れているときにおすすめです。

アンチョビとトマトチーズフライ

材料（2人分）
- ささみ…4本（200g）
- 酒・塩・黒こしょう…各少々
- トマト…1/2個（50g）
- モッツァレラチーズ…30g
- アンチョビフィレ…2切れ
- バジル…4枚
- 小麦粉…適量
- 卵…1個
- パン粉…適量
- 揚げ油…適量

作り方

❶ささみは観音開きにして軽く酒、塩、黒こしょうをふる。トマトとモッツァレラチーズは5mm大の角切り、アンチョビはタテに半分に切る。

❷開いたささみにバジル、トマト、モッツァレラチーズ、アンチョビをのせてタテに巻き、同じように4本作る。

❸小麦粉、溶き卵、パン粉の順にまぶして160度に熱した油できつね色になるまで揚げる。

鶏肉力MEMO

トマトに含まれるビタミンB群、C、クエン酸が、鶏肉のタンパク質の吸収をよくし、ホルモン活性へと導きます。ビタミンCはタンパク質と結びつくとコラーゲンを作り、肌の細胞にしっかりと結びつけます。

きゅうりとわかめのごま和え　脳の老化

材料（2人分）
ささみ…小2本（90g）
酒・塩…各少々
塩蔵わかめ…20g
きゅうり…1本
A
┌ だし汁…大さじ1
│ 酢…大さじ2
└ 薄口醤油…大さじ2
すりごま（白）…大さじ1

作り方
❶ささみをフライパンに並べて酒、塩をふる。フタをして火にかけ、沸騰したら火を弱めて2分ほど酒蒸しにしたら、火を止めて冷ます。冷めたら粗くさく。
❷わかめはよく洗い、2cm幅に切り、さっとゆがいて冷水にとり、水気をきる。きゅうりは小口切りにして塩でもみ、しんなりしたら塩を洗い、水気を絞る。
❸ボウルにAの調味料を入れてよく混ぜあわせ、わかめ、きゅうり、ささみ、すりごまを加えてよく和える。

鶏肉力MEMO
わかめに含まれるカルシウム、食物繊維、きゅうりの水溶性食物繊維、ごまの抗酸化ビタミンなど、ささみには含まれない栄養素をプラスすることで脳を健康に保ちます。

おかひじきの柚子こしょう和えガン

材料（2人分）
ささみ…2本（100g）
酒・塩…各少々
おかひじき…80g
えのき茸…1/2袋（100g）
A
┌ だし汁…大さじ1
│ 薄口醤油…大さじ1
└ 柚子こしょう…小さじ1/5

作り方
❶ささみをフライパンに並べて酒、塩をふる。フタをして火にかけ、沸騰したら火を弱めて2分ほど酒蒸しにしたら、火を止めて冷ます。冷めたら粗くさく。おかひじきとえのき茸は茹でて3cm長さに切る。
❷ボウルにAを加えてよく混ぜあわせ、おかひじきとえのき茸、ささみを加えて和える。

鶏肉力MEMO
おかひじきに含まれる豊富なカロテンとささみに含まれるビタミンAは、ガンの予防効果も期待できます。おかひじきにはビタミン、カルシウムも豊富に入っているので積極的に食べたい食材。

ささみビビンバ風

材料（2人分）
- ささみ…2本（100g）
- 酒・塩…各少々
- もやし…1/2袋（100g）
- にんじん…中1/2本（60g）
- ほうれん草…3株
- 生椎茸…2枚
- ごま油…大さじ1 2/3
- 塩…少々
- いりごま（白）…小さじ2
- コチュジャン…小さじ1
- にんにく（みじん切り）…小1粒
- ごはん…2膳（300g）

作り方

❶ ささみをフライパンに並べて酒、塩をふる。フタをして火にかけ、沸騰したら火を弱めて2分ほど酒蒸しにしたら、火を止めて冷ましておく。冷めたら細かくさく。もやしは根をとり、にんじんは千切りにして、それぞれレンジで1分加熱する。もやしは冷水にとり、水気を絞り、にんじんは冷ます。ほうれん草は茹でて水にさらし、水気を絞って3cm長さに切り、椎茸は薄切りにする。

❷ もやし、にんじん、ほうれん草にそれぞれ、ごま油小さじ1弱、塩少々、いりごま小さじ1/2を和える。①のささみにコチジャン、ごま油小さじ1、残りのいりごま、にんにくを和える。

❸ フライパンにごま油小さじ1を熱して椎茸をさっと炒め、塩少々をふる。どんぶりにごはんと②と③の具を彩りよくのせる。

鶏肉力MEMO

有色、淡色の野菜がたっぷりとれるビビンバは、ビタミン、食物繊維など豊富な栄養がとれて免疫力をあげます。また、ささみに含まれるタンパク質の消化吸収を助けるのでホルモン活性へとつながります。

ずんだあえ

ホルモン活性

材料(2人分)
- ささみ…2本(100g)
- 酒・塩…各少々
- 枝豆…1/3袋(100g)
- だし汁…大さじ2
- こんにゃく(白)…小1/2枚
- 塩…少々
- 酒…大さじ1/2

作り方
1. ささみをフライパンに並べて酒、塩をふる。フタをして火にかけ、2分ほど酒蒸しにしたら、火を止めて冷ます。冷めたら細かくさく。
2. 枝豆を茹でて皮と薄皮をむく。こんにゃくはタテ半分にして7mm厚さの薄切りにして茹で、空炒りする。
3. フードプロセッサーに、飾り用の枝豆を2粒ほどのぞいた枝豆、だし汁を加えて撹拌してすりつぶした枝豆に塩、酒を加えて混ぜる。ささみとこんにゃくを入れてよく和える。

鶏肉力MEMO
枝豆とささみに含まれるアミノ酸の1種、メチオニンが肝臓の働きを助けます。また、枝豆に含まれるイソフラボンが更年期障害を緩和します。

こしょう風味フライ

疲労

材料(2人分)
- ささみ…2本(100g)
- 玉ねぎ…1/2個
- さやえんどう…8枚
- 酒…大さじ1
- 塩…少々
- 黒こしょう…小さじ1/2
- 揚げ油…適量
- 小麦粉…大さじ3

作り方
1. ささみは5cm長さの棒状になるように斜めに切る。玉ねぎは7mm幅に切り、さやえんどうは細切りにする。
2. ボウルにささみ、玉ねぎ、さやえんどう、酒、塩、黒こしょうを入れてよく混ぜあわせる。
3. ②の具材は4つにわけて小麦粉をふり混ぜて、160度に熱した油できつね色になるまで揚げる。軽く塩、黒こしょう(分量外)をふる。

鶏肉力MEMO
玉ねぎのアリシンが、ささみに含まれるビタミンB₁の体内吸収を高めるので、疲労回復に効果が期待できます。

ひき肉

100gのカロリー数
166 Kcal

ひき肉の力をアップさせる3カ条

1. タンパク質代謝にかかわる**ビタミンB₂、B₃、B₆**を**一緒**にとる。

2. どの部位も同じだが、加熱することでタンパク質の消化がよくなる。

3. 野菜や果物と一緒に調理することで脂質を排出することができる。

ビタミンB₂
卵、チーズ、まいたけ、マッシュルームなどのきのこ類、菜の花、クレソンなどの青菜類、アーモンド、納豆

ビタミンB₃
豚・牛・鶏レバー、まいたけ、干し椎茸などのきのこ類、大豆、わかめ

ビタミンB₆
豚・牛・鶏レバー、にんにく、赤ピーマン、モロヘイヤ、ピスタチオ、ごま、玄米、そば

特徴
むね肉やもも肉をミンチにした鶏ひき肉。栄養的な特徴は、むね肉(P.17)、もも肉(P.30)を参照。お店によっては「ももひき肉」「むねひき肉」と明記している場合もあるのであっさり食べたい場合は「むねひき肉」といった具合に使いわけるとよい。野菜や果物と一緒に調理することで、ひき肉に足りないβカロテンやビタミンC、クエン酸などの栄養素を補い、不要な脂肪を排出し、消化を助けて疲労回復に効果があります。

栄養成分(100gあたり)
水分 69.8g、タンパク質 20.9g、脂質 8.3g、灰分 1.0g、ナトリウム 60mg、カリウム 270mg、カルシウム 11mg、マグネシウム 26mg、リン 90mg、鉄 1.2mg、亜鉛 0.7mg、銅 0.04mg、マンガン 0.01mg、レチノール(ビタミンA) 40μg、ビタミンD 0μg、ビタミンE 0.3mg、ビタミンK 16μg、ビタミンB₁ 0.10mg、ビタミンB₂ 0.21mg、ナイアシン 6.4mg、ビタミンB₆ 0.68mg、ビタミンB₁₂ 0.2μg、葉酸 7μg、パントテン酸 1.36mg、コレステロール 75mg

鶏ひき肉のケバブ風　サフランライス添え

疲労　風邪

材料（2人分）
鶏ももひき肉…250g
A
　コリアンダー粉…小さじ1
　クミン粉…小さじ1/2
　塩…小さじ1/4
　黒こしょう…小さじ1/4
　おろし玉ねぎ…大さじ2
　にんにく（みじん切り）…1粒
醤油…大さじ1
粗糖…大さじ1/2
レモン汁…大さじ1/2
米…1 1/2合
固形ブイヨン…1/4個
サフラン…小さじ1
香菜…1株
レモン（くし切り）…適量

作り方
❶ケバブを作る。ボウルにひき肉を加えて粘りが出るまでよく練り、Aを加えてよく混ぜ、串に刺して棒状にする。200度に温めたオーブンで15分焼く。醤油と粗糖をあわせてまわりにぬり、レモン汁をかける。
❷炊飯器に米、サフランと固形ブイヨンを加えて炊き、みじん切りにした香菜を混ぜあわせる。皿にサフランライス、①のケバブをのせてレモンを添える。

鶏肉力MEMO
玉ねぎに含まれるアリシンが、鶏肉に含まれるビタミンB_1の吸収を補うので疲労回復に効果があります。また、サフランは血液の巡りをよくして肌をきれいにします。

ひき肉

ミートローフ　ハニーレモンソース 疲労 風邪

材料（4〜6人分）
鶏ももひき肉…200g
鶏むねひき肉…200g
オリーブ油…大さじ1
玉ねぎ（粗みじん切り）…小1個分
セロリ（粗みじん切り）…2/3本分
にんじん（粗みじん切り）
　　…1/2本強（70g）
酒または白ワイン…大さじ3
塩…小さじ1/2強
黒こしょう…少々
パン粉…1/4カップ
オリーブ油…適量
じゃがいも（薄切り）…小1個（80g）
レモン汁…大さじ2
蜂蜜…大さじ1
レモンの皮…少々

［つけあわせ］
ブロッコリー（半分に切る）…6房
二十日大根…4個

作り方
❶ミートローフを作る。フライパンにオリーブ油を熱して玉ねぎ、セロリ、にんじんがしんなりするまで炒めて冷ましておく。ボウルに2種類のひき肉を入れて粘りがでるまで混ぜ、酒、塩、黒こしょうを加えてよく混ぜあわせ、冷めた野菜、パン粉を入れて混ぜあわせる。
❷天板にオーブンシートを敷く。パウンド型にオリーブ油を薄くぬり、①のミートローフを詰めてじゃがいもをフタするようにのせる。230度に温めたオーブンで30〜40分肉に火が通るまで焼く。
❸焼きあがったら、ハニーレモンソースを作る。フライパンにパウンド底にたまったこした肉汁すべて、レモン汁、黒こしょう、蜂蜜を加えてひと煮立ちさせ、レモンの皮の細切りを加えて火を止めて塩、黒こしょうで調える。
❹ミートローフは室温ぐらいに冷ましてから切りわけて器に盛り、ハニーレモンソースをかける。つけあわせを添える。

> **鶏肉力MEMO**
> 玉ねぎのアリシンは、鶏肉のビタミンB_1の吸収をよくします。レモンのクエン酸には鶏肉の消化を助け、疲労回復効果や風邪予防に期待できます。

鶏団子の酢煮

材料（2人分）
鶏ももひき肉…180g
生パイナップル（カット）…10切れ
ピーマン…1個
にんじん…1/2本
じゃがいも（メークイン）…1個
酒…大さじ1
塩・黒こしょう…各少々
おろし玉ねぎ…大さじ1
片栗粉・揚げ油…各適量
長ねぎ（みじん切り）…大さじ1
Aタレ
┌ 酢…大さじ1
│ 鶏がらスープの素…小さじ1/2
│ 湯…50ml
│ 蜂蜜…大さじ1/2
│ 酒・醤油…各大さじ1
└ 黒こしょう…少々
水溶き片栗粉
┌ 片栗粉…大さじ1
└ 水…大さじ2

作り方
❶パイナップル、ピーマン、にんじん、じゃがいもは2cm大の乱切りにする。
❷鶏団子を作る。ボウルにひき肉を入れて粘りがでるまで混ぜ、酒、塩、黒こしょう、玉ねぎを加えてよく混ぜあわせて大さじですくい、団子状にして片栗粉をまぶす。
❸160度に熱した油でじゃがいも、にんじんが薄く色づくまで揚げ、ピーマンはさっと揚げ、②の鶏だんごは、中まで火を通して揚げ、油をきる。
❹フライパンに鶏団子、野菜、パイナップル、長ねぎ、Aを入れてひと煮して、水溶き片栗粉を混ぜてとろみをつける。

鶏肉力MEMO
タンパク質分解酵素のあるパイナップルと組みあわせて胃腸の健康を保ちます。ビタミン、カロテン豊富なピーマンとパイナップルのクエン酸で疲労回復に効果が期待できます。

ひき肉

中華風茶碗蒸し 免疫力

材料(2人分)
鶏ももひき肉…60g
酒…大さじ2
醤油…小さじ1
干し椎茸…1枚
湯…400ml
鶏がらスープの素
　…小さじ1/2
オリーブ油…大さじ1
にんじん（みじん切り）
　…大さじ3（30g）
長ねぎ（みじん切り）
　…大さじ1
卵…2個
塩・黒こしょう…各少々
万能ねぎ（小口切り）
　…小さじ1

作り方
❶ボウルにひき肉、酒大さじ1と醤油を入れて軽く混ぜる。椎茸はみじん切りにする。湯に鶏がらスープの素を溶かす。
❷フライパンにオリーブ油を熱し、にんじん、椎茸を炒め、ひき肉も加えてパラパラになるまで炒めて長ねぎを加えて炒める。
❸ボウルに溶き卵、①の鶏がらスープ、酒大さじ1、塩、黒こしょうを混ぜあわせる。分量より少し大きめの器に②を入れて卵液をこしながら加える。湯気が上がった蒸し器に入れる。最初は強火で湯気が勢いよく上がったら弱火にして、12～14分様子を見ながら蒸す。万能ねぎを散らす。

鶏肉力MEMO
卵は、必須アミノ酸8種をバランスよく含む優れた食品です。特にメチオニンの含有量が高く、鶏肉のメチオニンとともに、肝機能を改善して免疫力をあげます。

鶏肉のチャプチェ風

材料(2人分)
鶏ももひき肉…50g
黒きくらげ…大さじ1 1/2（1.5g）
ほうれん草…1株（25g）
ピーマン（赤）…1/2個
にんじん…1/8本（15g）
春雨…12g
干し椎茸…半枚
薄焼き卵（千切り）…1個分
オリーブ油…大さじ1/2
ごま油…大さじ1 1/2
Aタレ
　醤油…大さじ1/2
　砂糖・酒…各大さじ1/4
　長ねぎ（みじん切り）
　　…大さじ1/2
　おろしにんにく…小さじ1/4
　黒こしょう…少々
B調味料
　醤油・粗糖…各大さじ1/4
　すりごま（白）…大さじ1/4

作り方
❶黒きくらげ、ほうれん草、赤ピーマン、にんじん、椎茸は3cm長さの千切り、春雨は7cm長さに切る。黒きくらげ、ほうれん草、赤ピーマン、にんじんは、固めに茹でる。
❷フライパンにごま油大さじ1を熱し、春雨が全体に油がまわるまで炒めてとりだし冷ます。
❸ボウルにAのタレ、ひき肉と椎茸をよくあえて、オリーブ油を熱したフライパンに入れ、肉の色が変わるまで炒める。
❹ボウルに春雨、Bの調味料半量、③、ほうれん草、ピーマン、にんじんをほぐしながら加え、残りのB、ごま油大さじ1/2を入れてあわせる。器に盛り、薄焼き卵をのせる。

鶏肉力MEMO
鶏肉に含まれるビタミンAは、免疫力をあげて頭髪を健康に保ちます。また黒きくらげには血液サラサラ効果があります。

ひき肉と白菜の煮こみ

 脳の老化

材料(2人分)
- 鶏ももひき肉…300g
- 長ねぎ…1本
- 白菜…1/4株
- 生椎茸…2枚
- 酒…大さじ1
- 塩・黒こしょう…各少々
- おろし生姜…小さじ1
- 卵黄…1個
- オリーブ油…大さじ1
- 酒…50ml
- 鶏がらスープの素…小さじ1
- 湯…1ℓ
- だし汁…400ml
- 醤油…大さじ2 1/2
- 黒こしょう…少々
- 水溶き片栗粉
  - 片栗粉…大さじ1
  - 水…大さじ2

鶏肉力MEMO

作り方

❶ 長ねぎ10cm分はみじん切り、残りは1cm幅の斜め切り、白菜の軸は6cm長さの薄切り、葉はざく切り、椎茸1枚はみじん切り、残りは薄切りにする。
❷ ボウルにひき肉を入れて粘りがでるまで混ぜ、酒、塩、黒こしょう、生姜を加えてよく混ぜて卵黄、長ねぎ、椎茸のみじん切りを混ぜあわせ、4等分にして丸める。フライパンにオリーブ油を熱して鶏団子を両面焼き色がつくまで焼く。
❸ 土鍋に②の鶏団子、白菜の葉以外の野菜、酒、鶏がらスープの素、湯、だし汁を加えて火にかける。沸騰したら中火弱にしてアクをとる。白菜の軸が煮えたら白菜の葉を加えてひと煮し、醤油、黒こしょうを加えて味を調える。水溶き片栗粉をまわし入れてとろみをつける。

カルシウム、ビタミンC、食物繊維などが含まれた白菜とひき肉を一緒に調理することで肝機能を高めて脳の老化も防ぎます。

椎茸詰め鶏団子

 疲労

材料(2人分)
- 鶏むねひき肉…200g
- A
  - 塩・黒こしょう…各少々
  - 酒…大さじ1
  - おろし生姜…小さじ1/2
  - 柚子こしょう…小さじ1/5
  - 醤油…小さじ1
- 生椎茸…小8枚
- 片栗粉…適量
- 揚げ油…適量
- 山椒…適量
- 醤油…適量
- 大根おろし…大さじ2

鶏肉力MEMO

作り方

❶ 鶏団子を作る。ボウルにひき肉を入れて粘りがでるまで混ぜ、Aを加えて混ぜる。椎茸の軸をとり、切れ目を入れて内側に片栗粉をまぶす。
❷ ①の鶏団子を8等分して椎茸に詰める。肉の表面にも片栗粉をまぶして余分な粉をはらう。160度に熱した油に肉側から入れて6〜7分ほど上下を返しながら、揚げる。
❸ 肉に火が通ったら、山椒をふって大根おろしを添え醤油をおとす。

椎茸に含まれるビタミンB₂が鶏肉のタンパク質代謝を助けて疲労回復に効果が期待できます。また、椎茸にはコレステロールを下げる働きがあります。

ひき肉

鶏スキ　免疫力

材料（2人分）
- 鶏ももひき肉…150g
- 鶏むねひき肉…150g
- 酒…大さじ1
- 生姜汁…小さじ1
- 長ねぎ…1本
- 焼豆腐…1丁
- 春菊…1束
- A煮汁
  - だし汁…大さじ2
  - 醤油…大さじ4
  - 粗糖…大さじ1～2（お好みで）
  - みりん…大さじ4
- オリーブ油またはキャノーラ油…適量

作り方
❶ボウルに2種類のひき肉を入れて粘りがでるまで混ぜ、酒、生姜汁を加えてよく混ぜる。長ねぎは5cm長さに切り、軽く焼く。焼豆腐は8等分にし、春菊は葉を摘む。Aの煮汁を混ぜあわせておく。
❷ひき肉を平らな容器に入れて厚さ5mmに広げる。とりわけやすいように格子状に3cm幅に軽く切れ目を入れておく。
❸テーブルにコンロをおいてスキヤキ鍋をのせてオリーブ油を熱し、ひき肉、焼豆腐、長ねぎを入れて煮汁をまわしかけて煮る。

鶏肉力MEMO
長ねぎのアリシンが、鶏肉にあるビタミンB_1の吸収をよくして免疫力を高めます。

エスニック風串焼き

材料(2人分)
鶏ももひき肉…300g
玉ねぎ…1/4個
にんにく…大1粒
香菜…1株
酒…大さじ1
パプリカ…小さじ1 1/2
クミン粉…小さじ1/2
カイエンヌペッパー・塩
　…小さじ1/4
黒こしょう・オリーブ油…各少々

[つけあわせ]
玉ねぎ、レモン、トマト、香菜
　…適量

作り方
❶玉ねぎ、にんにく、香菜はみじん切りにする。ボウルにひき肉を入れて粘りがでるまで混ぜ、酒を加えて混ぜ、玉ねぎ、にんにく、香菜、パプリカ、クミン、カイエンヌペッパー、塩、黒こしょうを混ぜあわせる。
❷4等分して鉄串にまとめながらつけ、まわりにオリーブ油をぬる。天板に並べて200度に温めたオーブンで15〜20分ほどきつね色になるまで焼く。
❸水にさらした玉ねぎの薄切り、レモンのくし切り、トマト、香菜を添える。

鶏肉力MEMO
玉ねぎ、にんにくに含まれるアリシンが、鶏肉のビタミンB_1の吸収を助けます。アリシンは、ガンや血栓を予防する抗酸化作用があります。また、ビタミンB_1と結合することで体内に吸収されやすくなり、よりスタミナ回復に効果を発揮します。

タンタン麺 美髪 疲労

材料（2人分）
鶏ももひき肉…100g
ごま油…大さじ1強
にんにく（みじん切り）…小さじ1
長ねぎ（みじん切り）…大さじ3
酒…大さじ3
湯…800ml
鶏がらスープの素…小さじ1
練りごま（白）…大さじ3
すりごま（白）…大さじ2
豆板醤…小さじ1
醤油…大さじ2
塩、黒こしょう…各少々
中華生麺…2玉

作り方
❶ボウルにひき肉と酒大さじ1を入れて菜箸でなじませる。フライパンにごま油を熱してひき肉をパラパラになるまで炒め、にんにく、長ねぎを加えて香りが出るまで炒めたら、酒、湯に溶いた鶏がらスープを入れて煮る。
❷煮立ったらアクをとり、練りごま、すりごま、豆板醤を汁で溶きながら加える。醤油、塩、黒こしょうで味を調える。
❸表示通りに麺を茹でてどんぶりに盛り、②の汁をかける。

鶏肉力MEMO
良質なタンパク質とビタミンEを含むごまは、美髪や若返りに効果が期待されます。長ねぎ、にんにくのアリシンが、鶏肉のビタミンB₁と結合することで体内に吸収されやすくなり、疲労回復につながります。

ドライカレーサンド 美肌 疲労

材料（2人分）
- 鶏ももひき肉…150g
- 酒…大さじ2
- オリーブ油…大さじ1強
- 玉ねぎ（みじん切り）…1/2個
- にんじん（みじん切り）…大さじ4
- にんにく（みじん切り）…大さじ1/2
- 生姜（みじん切り）…小さじ2
- カレー粉…大さじ1
- トマト（粗みじん切り）…小1個
- トマトケチャップ…大さじ2
- 塩…小さじ1/3
- 黒こしょう…少々
- バケット（7cmに切る）…28cm
- バター…適量
- レタス…3枚
- 玉ねぎ…適量

作り方

❶ボウルにひき肉と酒大さじ1を入れて菜箸でなじませる。玉ねぎは薄切りにして水にさらす。

❷ドライカレーを作る。フライパンにオリーブ油を熱して玉ねぎ、にんじんをしんなりするまで炒め、にんにく、生姜を入れて香りが出たら、ひき肉を入れてパラパラになるまで炒める。

❸②にカレー粉を加えて香りがたつまで炒め、トマト、酒大さじ1を加えてトマトをつぶすように炒める。水分が少なくなったらトマトケチャップ、塩、黒こしょうで味を調える。

❹切れ目を入れたバケットにバターをぬり、レタス、③のドライカレー、玉ねぎをはさむ。

鶏肉力MEMO

鶏ひき肉で作るドライカレーは、あっさりとした味わいに。トマトのクエン酸が、鶏肉の消化を助けて疲労回復に効果があります。また、トマトのビタミンCが肌を健康に保ちます。

ひき肉

モロッコ風肉団子のスープ クスクス添え 疲労 ガン

材料（2人分）
鶏ももひき肉…300g
なす…2個
ピーマン（緑・赤）…各1個
にんにく…1粒
酒…大さじ2
A
　香菜（みじん切り）…2株
　玉ねぎ（みじん切り）…1/4個
　カイエンヌペッパー…ふたつまみ
　クミン粉…小さじ1/2
オリーブ油…大さじ1強
鶏がらスープ…600ml
塩…小さじ1/3
黒こしょう・カイエンヌペッパー…各少々
クスクス…2/3カップ
香菜（飾り用）…適量

作り方
❶なすとピーマンはひと口大の乱切り、にんにくはみじん切りにする。ボウルにひき肉を入れて粘りがでるまで混ぜ、酒、A、塩、黒こしょう各少々（分量外）を加えてよく混ぜ合わせ、肉団子を作る。
❷フライパンにオリーブ油を熱し、にんにくを入れて香りが出たら、なすを油がまわるまで炒める。ピーマンを入れ、しんなりするまで炒める。鶏がらスープを注いで野菜がやわらかくなるまで煮る。
❸②のスープが沸騰したら①の肉団子を大さじですくい丸めて中に入れ、アクをとりながら煮る。肉団子が浮いてきたら、2～3分煮て塩、黒こしょう、カイエンヌペッパーで味を調える。表示通りに作ったクスクスを皿に盛り、スープに香菜をのせる。

鶏肉力MEMO
玉ねぎに含まれるアリシンが、鶏肉のビタミンB₁と結合して体内で吸収されやすくなり、体の疲れをとります。また、にんにくと玉ねぎを使って調理することで血液をサラサラにし、ガン予防になります。

鶏団子と大根の鍋

材料（2人分）
鶏ももひき肉…150g
鶏むねひき肉…150g
酒…大さじ1
塩…小さじ1/4
黒こしょう…少々
おろし生姜…小さじ1
万能ねぎ（みじん切り）
　…山盛り大さじ4
水菜…3株
大根…1/3本強（300g）
昆布…15cm
水…1〜1 1/2ℓ
酒…大さじ1
春雨…50g

薬味
├ ポン酢…適量
├ もみじおろし…適量
└ 万能ねぎ（小口切り）…適量

❶鶏団子を作る。ボウルに2種類のひき肉を入れて粘りがでるまで混ぜ、酒、塩、黒こしょうを混ぜる。生姜、万能ねぎを加えて混ぜあわせる。水菜は4〜5cm長さに切り、大根はスライサーで薄切りにする。
❷鍋に昆布と水を入れて昆布が開いたら火にかける。沸騰したら酒を加える。❶の鶏団子を大さじですくって落とし、アクをとる。団子が浮かんできたら、大根を入れて透明になったら水菜も入れ、ひと混ぜして春雨を入れる。
❸ポン酢、もみじおろし、万能ねぎを添える。

鶏肉力MEMO
大根の食物繊維が胃腸の動きを助けて、大腸ガンの予防に。大根は、さっと煮て食べることでビタミンCの損失を少なくし、鶏肉に含まれているコラーゲンの吸収をよくして肌を美しくします。

鶏そぼろ丼

材料（2人分）
鶏ももひき肉…150g
酒…大さじ3
いんげん…6本
干し椎茸…1 1/2枚
オリーブ油…大さじ1
生姜（みじん切り）
　…小さじ1 1/2
醤油…大さじ2
粗糖…大さじ1 1/2
みりん…大さじ1 1/2
卵…2個
塩…少々
ごはん…2膳（300g）
甘酢生姜…適量

作り方
❶ボウルにひき肉と酒大さじ1/2を入れて菜箸でなじませる。いんげんを茹でてそぎ切りにする。椎茸はみじん切りにする。
❷鶏そぼろを作る。フライパンにオリーブ油を熱し、生姜の香りがでたら、椎茸と❶のひき肉を肉の色が変わるまで炒め、酒大さじ2、醤油、粗糖、みりんを加え、水分を飛ばしながら炒める。
❸ボウルに卵を割り、酒大さじ1/2、塩を混ぜ、フライパンを熱して炒り卵を作る。どんぶりにごはんを盛り、❷の鶏そぼろ、炒り卵、❶のいんげんをのせて甘酢生姜を添える。

鶏肉力MEMO
椎茸が、鶏肉にあるコレステロールを排出してとりすぎを予防します。コレステロールは、重要な体の機能を調整するホルモンなどの材料になります。

手羽

100gのカロリー数
（若鶏　皮つき）
211 Kcal

ビタミンC
赤・黄パプリカ、ピーマン、ブロッコリーなどの緑黄色野菜類、じゃがいも、さつまいものいも類、レモン、柿、キウイ、オレンジなどの果物

手羽の力をアップさせる3カ条

1. 皮には脂肪分が多いので、焼くときは油なしで焼くか茹でてカロリーオフに。

2. 野菜や果物など ビタミンC を多く含む食材と調理すると美肌力がアップ！

3. 水に溶けやすい美肌効果のあるコラーゲンはスープや煮ものにして。

特徴
鶏の翼部分である手羽肉は手羽先、手羽中、手羽元にわけられる。味はうまみがありコクが強い。皮で覆われて脂肪もやや多いので調理するときは下茹でするか、油なしで焼いて余分な脂を落とすこと。また、美肌を作るコラーゲンが豊富な部位なのでビタミンCと一緒に調理をしたり、水に溶け出しやすいのでスープや煮ものにすると吸収率が高まる。ただしコレステロールが多いので量を加減して摂取する。新陳代謝にかかわるビタミンB₂やナイアシンが豊富。骨部分の廃棄量は45％ほどある。

栄養成分（若鶏　皮つき 100gあたり）
水分67.2g、タンパク質17.5g、脂質14.6g、灰分0.7g、ナトリウム76mg、カリウム180mg、カルシウム10mg、マグネシウム14mg、リン100mg、鉄0.5mg、亜鉛1.2mg、銅0.03mg、マンガン0.01mg、レチノール（ビタミンA）59μg、ビタミンD 0.1μg、ビタミンE 0.4mg、ビタミンK 51μg、ビタミンB₁ 0.04mg、ビタミンB₂ 0.11mg、ナイアシン4.8mg、ビタミンB₆ 0.27mg、ビタミンB₁₂ 0.3μg、葉酸9μg、パントテン酸1.01mg、ビタミンC 2mg、コレステロール120mg

鶏手羽とコチュジャンのつけ焼き 美肌

材料(2人分)
鶏手羽中…6本(240g)
酒…少々
つけダレ
┌ コチュジャン…大さじ1 1/2
│ 長ねぎ(みじん切り)
│ …大さじ1
│ おろし生姜…小さじ1
│ にんにく(みじん切り)
│ …大さじ1/2
│ ヤンニョムジャン…大さじ1強
│ 醤油…大さじ1
└ ごま油…大さじ1
オリーブ油…大さじ1/2

[つけあわせ]
サンチュ…適量
エゴマ…適量

作り方
❶鶏手羽は手羽先を切りとり、手羽中をさっと茹でてザルにとり、水気をきって酒をふり、タテ半分に切る。ボウルにつけダレの材料を混ぜあわせる。
❷手羽中に①のつけダレがいきわたるようによくあえてひと晩つける。
❸フライパンにオリーブ油を熱し、鶏肉を火が通るまで焼く。皿に盛り、サンチュ、エゴマを添える。

鶏肉力MEMO
唐辛子に含まれるビタミンCが鶏手羽に含まれるコラーゲンの吸収率をアップします。コラーゲンには肌にハリとうるおいがでて、美肌効果が期待されます。

鶏手羽

鶏手羽じゃがいもの旨煮 美肌

材料（2人分）
鶏手羽…6本（300g）
玉ねぎ…1/2個
じゃがいも…中2個
オリーブ油…大さじ1
酒…大さじ1
だし汁…200〜300ml
粗糖…大さじ1
醤油…大さじ1 1/2
みりん…大さじ1/2

作り方
❶鶏手羽は手羽先を切る。玉ねぎは薄切り、じゃがいもは3cm角大に切る。フライパンに鶏手羽、手羽先を焼き色がつくまで両面焼き、とりだす。洗ったフライパンでオリーブ油を熱して玉ねぎをしんなりするまで炒めたら、じゃがいもを加えて炒める。
❷鶏手羽をもどして酒をかけ、だし汁をひたひたになるまで入れ、フタをして煮る。沸騰したら中火にしてフタをとり、じゃがいもがやわらかくなるまで煮る。
❸粗糖、醤油を加え、中火強で煮る。煮汁が少なくなってきたら、みりんを入れてフライパンをゆすりながら全体に絡まるように煮る。煮汁が少なくなったら火を止める。

鶏肉力MEMO
じゃがいものビタミンCが鶏手羽に含まれるコラーゲンの吸収力を高めて、うるおい豊かな肌へと導きます。

鶏手羽となすのカレー風味炒め 免疫力

材料（2人分）
鶏手羽中…6本（240g）
なす…2個
ピーマン…1個
パプリカ（赤・黄）…各1/2個
にんにく…1粒
オリーブ油…大さじ1
クミンシード…小さじ1/2
カレー粉…小さじ1
酒…大さじ2
水…50ml
塩・黒こしょう…各少々

作り方
❶鶏手羽は手羽先を切りとり、手羽中をさっと茹でる。なすは乱切りにして塩でもみ、水気が出たら洗って水気を絞る。ピーマン、パプリカは2cm大の乱切り、にんにくは薄切りにする。
❷フライパンにオリーブ油を熱し、にんにく、クミンシードを入れて香りが出たら、残りの野菜、カレー粉を入れて油がまわったら、手羽中も加えて炒める。肉に焼き色がついたら酒と水をまわしかけ、フタをして中まで火を通す。
❸塩、黒こしょうをふり、全体になじむように煮る。

鶏肉力MEMO
にんにくに含まれるアリシンが、鶏手羽のビタミンB₁の吸収力を高めて免疫力をあげます。

栄養一覧表

5大栄養素	栄養素にはさまざまな種類がありますが、その代表は「炭水化物(糖質)」「タンパク質」「脂質」「ビタミン」「ミネラル」が5大栄養素とよばれます。
炭水化物	脳の神経細胞や筋肉を働かすためのエネルギーとして利用されます。体温維持には欠かせません。体を車に例えると、ガソリンにあたる。食品は、おもに穀類やパン類、麺類、いも類に多く含まれています。
タンパク質	英語でいうと「プロテイン」ともよばれ、筋肉、内臓、皮膚、毛髪、爪、血液、骨などを構成する成分。ホルモンや酵素、神経伝達物質、免疫物質に欠かせません。消化器官で消化、分解し、アミノ酸やペプチド(アミノ酸が数個結合したもの)となり、肝臓に送られ、血液にのって全身に運ばれます。必須アミノ酸以外に、最近はアミノ酸の1種、アスパラギン酸、グルコサミン、グルタミン酸、タウリン、カゼイン、コラーゲンが注目されています。
脂質	脂質には、室温で液体状になるものと固体になるものがあり、前者は常温で液体の植物油の「油」、後者は常温で固体の動物性の「脂」と区別されています。効率のよいエネルギー源であると同時にホルモンの原料、細胞膜の成分、脂溶性ビタミンの吸収などの働きがあります。主に動物性食品に含まれる飽和脂肪酸と植物油や青魚などに含まれる不飽和脂肪酸にわかれます。不飽和脂肪酸は、コレステロールを低下させ、動脈硬化を予防します。

ビタミン一覧表

ビタミンは、5大栄養素の代謝を助け、体の機能を正常に働かせるために欠かせない栄養素。

分類	名称	特徴
脂溶性ビタミン	ビタミンA (レチノール・βカロテン)	皮膚や粘膜を健康に保ち、免疫力を高める
脂溶性ビタミン	ビタミンD (カルシフェロール)	腸管でカルシウムの吸収を促進し、カルシウム代謝を管理する
脂溶性ビタミン	ビタミンE (トコフェロール)	抗酸化作用で老化予防、過酸化脂質の生成を抑制、血行を促進する。「若返りのビタミン」として知られる
脂溶性ビタミン	ビタミンK (K1・K2) (フィロキノン・メナキノン)	血液凝固因子を合成して、止血に働く。カルシウムが骨に沈着するのを助ける。骨粗鬆症を予防する
水溶性ビタミン ビタミンB群	ビタミンB1 (チアミン)	糖質代謝をスムーズにして、神経の機能を円滑に保つ。不足するとイライラしたり、憂鬱な気分になる
水溶性ビタミン ビタミンB群	ビタミンB2 (リボフラビン)	脂質、糖質、タンパク質の代謝を助け、細胞の成長に欠かせない。過酸化脂肪の分解を助ける。また「美容のビタミン」といわれ健康な皮膚を作る
水溶性ビタミン ビタミンB群	ナイアシン (ニコチン酸)	脂質、糖質、タンパク質の代謝を助け、アルコールや二日酔いのもととなるアセトアルデヒドを分解する
水溶性ビタミン ビタミンB群	ビタミンB6 (ピリドキシン)	タンパク質の代謝に欠かせない。神経伝達物質のドーパミン、セロトニン、アドレナリン、ギャバの合成にもかかわる
水溶性ビタミン ビタミンB群	ビタミンB12 (コバラミン)	葉酸とともに赤血球を作り、神経伝達物質の合成にかかわる。悪性貧血を防ぎ、核酸(遺伝子の主成分)の合成を助ける
水溶性ビタミン ビタミンB群	葉酸 (プテロイルグルタミン酸)	DNAを合成し、健康な赤血球を作り、貧血を防ぐ。妊娠・授乳中は必要な栄養素。
水溶性ビタミン ビタミンB群	パントテン酸 (カルシフェロール)	脂質、糖質、タンパク質の代謝に欠かせない。ストレス対抗ホルモンの副腎皮質ホルモンの合成に働く
水溶性ビタミン ビタミンB群	ビオチン (ビタミンH)	脂質、糖質、タンパク質の代謝に欠かせない。皮膚や髪の毛を健康に保つので、抜け毛や白髪を予防する
水溶性ビタミン	ビタミンC (アスコルビン酸)	コラーゲンの合成を助け、有害物質を解毒する。免疫機能を高め、抗酸化作用がある。メラニン色素の合成を抑制し、皮膚沈着から守る

必須ミネラル一覧表

体の構成部分を担い、健康を維持するためには欠かせない栄養素。

分類	名称	特徴
多量元素	ナトリウム (Na)	筋肉や神経の興奮を弱め、細胞内の浸透圧を一定に保つ。摂り過ぎると高血圧を招く
多量元素	カリウム (K)	ナトリウムとともに細胞内の浸透圧を一定に保つ。高血圧の予防に役立つ
多量元素	カルシウム (Ca)	歯や骨を作るもととなり、神経の興奮を鎮める。血液の凝固を早める。マグネシウムとのバランスが大切
多量元素	マグネシウム (Mg)	筋肉の収縮を助け、神経の興奮を鎮める。カルシウムとのバランスが大切
多量元素	リン (P)	カルシウムとともに、歯や骨を作る主成分。糖質がエネルギーになるのを助ける
多量元素	イオウ (S)	含硫アミノ酸として、タンパク質の中に含まれ、毛髪、皮膚などを作る
多量元素	塩素 (Cl)	胃液の成分となり、消化を助ける
微量元素	鉄 (Fe)	赤血球のヘモグロビン、筋肉のミオグロビンなどの成分となる
微量元素	亜鉛 (Zn)	タンパク質の合成や細胞の新陳代謝にかかわる。不足すると味覚に異常を感じる
微量元素	銅 (Cu)	ヘモグロビンが作られる時に鉄の働きを助け、貧血の予防や骨の形成にかかわる
微量元素	マンガン (Mn)	骨の形成に欠かせない
微量元素	クロム (Cr)	脂質と糖質の代謝をスムーズにする
微量元素	モリブデン (Mo)	糖質と脂質の代謝に欠かせない
微量元素	セレン (Se)	抗酸化作用のあるミネラルで、ビタミンEとともに働く
微量元素	ヨウ素 (I)	成長期の発育や体内の新陳代謝を促し、甲状腺ホルモンの成分となる
微量元素	コバルト (Co)	ビタミンB12を構成する成分で、造血活動に欠かせない

食物繊維	糖質の吸収を緩やかにして、血糖値の吸収を抑えたり、有害な物質を吸着して体外に排出します。また腸の運動を促進して排便を促し、満腹感を得やすくして食べ過ぎを防ぎ、腸内環境を整える働きがあります。水に溶けやすい水溶性食物繊維、水に溶けないが、水分を吸収してかさを増やす不溶性食物繊維、蟹や海老といった甲殻類の殻を中心として作られる動物性食物繊維にわけられます。

アミノ酸	アミノ酸はタンパク質の構成要素でヒトの体は、20種類のアミノ酸の組み合わせによってできています。筋肉、臓器、ホルモン、酵素の構成要素となります。そのうち体内で合成できないものを「必須アミノ酸」と呼び、食品から摂取する必要があります。 ※必須と非必須の間に位置されているアミノ酸は（ ）で表記してます。

必須アミノ酸

名称	特徴
（アルギニン）とオルニチン	大人は体内で合成できるが、幼児はできないので食品から摂取することが必要。アルギニンは成長ホルモンの分泌にかかわり、成長ホルモンは筋肉の増強、修復に不可欠なのでアスリートには必須のアミノ酸といえる。また、病原体や不要なタンパク質を捕食するマクロファージの活性化にもかかわり、免疫力を高める。サプリメントは成人のみ使用して妊婦、授乳婦、子供には使用しないこと
（ヒスチジン）	ヒスタミンの前駆物質。胃酸の分泌を刺激する。神経の伝達を高める。アレルギーを緩和し、鼻水、腫れを改善。また、小児発育においては必須な化合物として知られるが、最近の研究では大人も必須という考えがある
イソロイシン	筋肉形成にかかわる。精神を活性化し、情緒を安定して知的能力を高める
スレオニン	小腸の働きを活発にして消化吸収をよくする
トリプトファン	ビタミンB_3（ナイアシン）の原料で造血作用に関与し、脳内でビタミンB_6とともにセロトニンに転換する。不眠、時差ボケの改善、抗うつ、鎮静・鎮痛効果もある。過呼吸、パニックを予防
バリン	イソロイシンに準じた働きがあり、病後、術後の筋肉増強に有効
フェニルアラニン	セロトニン、メラトニンなどのホルモン、アドレナリン、ドーパミンのカテコールアミンの前駆体物質。記憶力を高め、抗うつ作用がある。食欲を抑える
メチオニン	肝臓の解毒作用を助け、抗酸化作用がある。有害金属と結合して排泄する。血液中の脂質をのぞき、神経系の調整をする
リジン	筋肉を作り、不妊を改善する。発育、組織修復に関与、抗体、ホルモン、酵素をつくる。小児、妊婦、授乳婦の使用は望ましくない
ロイシン	イソロイシンに準じた働きがある

その他の主なアミノ酸

名称	特徴
アスパラギン酸	新陳代謝を活発にしてタンパク質の合成を助け、疲労回復、美肌、免疫力を高める働きもある
グルタミン酸	疲労回復効果、筋肉損傷の予防と回復、免疫細胞の発育と増殖を促進。1g以上は摂取してはいけない
システイン	抗酸化作用に関与、老化による動脈硬化、心疾患、関節炎等の治療に有用。発毛を促進。不足するとハゲを誘引する。1g以上は使用しないこと

著者紹介

植木　もも子（うえき　ももこ）

管理栄養士、健やか料理研究家、2009年国際中医師、国際薬膳師の資格取得、遼寧中医薬学院日本校薬膳講師。「おいしく楽しく健康に」をモットーに日常に取り入れやすい薬膳を提案。料理教室や雑誌、書籍などで活躍。中医薬学院の講師も務める。著書に『太らない！野菜たっぷりおかず』（学研）『朝つくらないお弁当の手帖』（日東書院）『カラダの中から、キレイになる 毎日ベジレシピ』（清流出版）など。
ホームページ
www.peachtreekitchen.jp/profile.html

撮影協力
エミール・アンリ ジャポン株式会社
（P.32 上、P.53）

倉敷意匠計画室
（P.13（トレーのみ）、P.14、P.16、P.19 下、P.22、P.38、P.52 下）

ドゥ・セー ☎ 03-5731-7200
（P.15、P.18、P.19 上、P.20 下、P.23 上、P.26、P.29 上、P.32 下、P.35 下（れんげのみ）、P.39、P.40、P.44 下、P.56（カップのみ））

おもてなし食器と雑貨 ラベッラ イタリア
（P.17、P.20 上、P.23 下、P.28、P.29 下、P.31、P.33、P.34、P.35 上、P.41、P.44 上、P.45（器のみ）、P.46 上、P.60）

ル・クルーゼ ジャポン
（P.27、P.46 下）

参考文献
『あたらしい栄養学』高橋書店
『五訂増補日本食品標準成分表』文部科学省ホームページより
『薬膳素材辞典』源草社
『薬剤師がすすめるビタミン・ミネラルの使い方』丸善
『からだの働きからみる代謝の栄養学』丸善
『症状改善のためのビタミン・ミネラルの摂り方』丸善
『アミノ酸の科学』講談社
『うつに効く食べもの、食べ方、作り方』保健同人社
『食の医学館』小学館

鶏肉の力
を発揮するおいしいレシピ
2018年3月20日　初版第1刷発行

STAFF
料理制作	植木もも子
料理アシスタント	鈴木麻衣子
撮影	中川真理子
スタイリング	大沢早苗
表紙・デザイン	大森由美
イラスト	しょじこしょじお
編集	喜多布由子（Transworld Japan Inc.）

著者	植木もも子
発行者	佐野裕
発行所	トランスワールドジャパン株式会社 〒150-0001 東京都渋谷区神宮前 6-34-15 モンターナビル TEL 03-5778-8599　FAX 03-5778-8743
印刷・製本所	三松堂株式会社

ISBN 978-4-86256-229-6　C-0077

本書の全部または一部を、著作権法上の範囲を超えて無断で複写、複製、転載、あるいはファイルに落とすことを禁じます。乱丁・落丁本は、弊社出版営業部までお送りください。送料当社負担にてお取り替えいたします。
Printed in Japan
©momoko ueki、TRANSWORLD JAPAN INC. 2018
www.twj.to